RÉGINE,

OU

DEUX NUITS,

OPÉRA-COMIQUE EN DEUX ACTES,

par M. Scribe,

Musique de M. Adolphe Adam,

REPRÉSENTÉ, POUR LA PREMIÈRE FOIS, A PARIS, SUR LE THÉATRE ROYAL DE L'OPÉRA-COMIQUE, LE 17 JANVIER 1839.

PARIS.

BARBA, LIBRAIRE, PALAIS-ROYAL,

Galerie de Chartres, derrière le Théâtre-Français.

1839

PERSONNAGES.	ACTEURS.
Mlle RÉGINE DE VOLBERG............................	Mlle Rossi.
TIENNETTE, sa suivante...........................	Mlle Berthault.
ROGER, soldat....................................	M. Roger.
SAUVAGEON, marchand de draps, maire de la ville.........	M. Henri.
LA COMTESSE DE LICHSTEINSTEIN, tante de Régine......	Mme Boulanger.

Le premier acte se passe à Dunkerque.

RÉGINE,

ou

DEUX NUITS,

OPÉRA-COMIQUE EN DEUX ACTES.

ACTE PREMIER.

Le théâtre représente un petit salon élégant ; au fond une croisée. A droite et à gauche une porte à deux battans. Au fond, à gauche du spectateur, une petite porte à pan coupé, donnant sur la rue ; en face la porte d'un cabinet. Une table, un clavecin et des fauteuils ; et sur le premier plan, à droite du spectateur, une cheminée avec une pendule.

SCENE PREMIERE.

TIENNETTE, RÉGINE.

INTRODUCTION.

TIENNETTE *est assise et travaille; elle regarde de temps en temps Régine, qui se promène d'un air agité.*
 Mamsell', qu'avez-vous donc, de grâce ?...
 Ell' n' m'entend pas !... c'est étonnant !
 Elle ne peut rester en place...
 RÉGINE, *à part.*
 Ma crainte augmente à chaque instant !
TIENNETTE, *voyant Régine qui vient d'ouvrir la fenêtre.*
 Et quand l'orage nous menace,
 Elle ouvr' la f'nêtre... est-ce imprudent !
RÉGINE, *après avoir ouvert la croisée et regardé pendant quelques instans, redescend le théâtre en écoutant.*
 AIR.
 En vain dans l'ombre et le silence,
 J'espère le bruit de ses pas...
 Le temps s'enfuit, l'heure s'avance,
 Il ne vient pas !
 Le bonheur qui pouvait m'attendre,
 Pour lui, mon Dieu, daignez le réserver !
 Les jours auxquels je dois prétendre,
 Prenez-les tous pour le sauver !
 En vain dans l'ombre et le silence, etc., etc.
TIENNETTE, *s'approchant de Régine, qui vient de se jeter dans un fauteuil.*
 Ma pauvre maîtresse est souffrante !...
 RÉGINE.
 Oui, la migraine...
 TIENNETTE.
 Oh ! non, ma foi !
 Montrant la tête.
 Ce n'est pas là qu'est le mal...
 RÉGINE, *se levant vivement.*
 Imprudente !

TIENNETTE.
Quoi ! vous vous défiez de moi ?
Dans ces temps d' trouble j' sais qu'en France
On peut tout craindre, mais jamais
Ceux qui vous aiment dès l'enfance,
Et qui vivent de vos bienfaits !
 RÉGINE, *lui tendant la main.*
Ah ! tu dis vrai.
 TIENNETTE.
 Tenez, j' devine,
Vous attendez un amoureux ?...
 RÉGINE.
Y penses-tu ?...
 TIENNETTE.
 Pardon ! mais j'imagine
Qu'on n' peut rien attendre de mieux...
 RÉGINE.
Tu sauras tout !
 TIENNETTE.
 Ah! qu' c'est heureux !
 RÉGINE.
Oui, c'est à toi, ma seule amie,
A toi qu'ici je me confie !
 TIENNETTE, *à part.*
Quel bonheur ! je vais tout savoir !
 RÉGINE.
Apprends donc que j'attends ce soir...
 On entend au dehors une musique militaire.
Cette musique militaire...
 Entends-tu ? mais qu'est-ce donc ?...
 TIENNETTE.
C'est quelque régiment qui s' rend à la frontière,
Ou bien qui vient ici pour tenir garnison.
 RÉGINE, *à part.*
O nouveau contre-temps qui me glace d'effroi !...
 TIENNETTE.
Qu'avez-vous !...

RÉGINE.
Laisse-moi.
ENSEMBLE.
TIENNETTE, *avec dépit.*
Je déteste le militaire ;
Devant lui faut toujours se taire.
Voyez quel malheur est le mien !
Voilà que je ne saurai rien !
RÉGINE.
Ce bruit, cet appareil de guerre
Cache quelque sanglant mystère...
O mon Dieu ! quel sort est le mien !
Je tremble, et je n'espère rien !

On frappe en dehors à la petite porte, à gauche du spectateur, qui donne sur la rue.

TIENNETTE.
On frappe !...

RÉGINE, *se soutenant à peine.*
Ah ! si c'est lui ! mon Dieu, je meurs d'effroi !
A Tiennette.
Va donc ouvrir !... as-tu peur ?...

TIENNETTE.
Non, mamselle,
Mais vous tremblez, je le vois !
A part.
Et ça m' rend tremblante comme elle !

RÉGINE.
Va donc !...

TIENNETTE.
J'y vais ! c'était bien la peine, vraiment
De fair' venir ici ce régiment !

ENSEMBLE.
TIENNETTE.
Je déteste le militaire ;
Devant lui faut toujours se taire.
Voyez, etc...
RÉGINE.
Si c'est lui, quel destin contraire...
A leurs yeux comment le soustraire ?
O mon Dieu ! etc.

Tiennette va ouvrir.

SCÈNE II.

TIENNETTE, RÉGINE, SAUVAGEON.

TIENNETTE.
C'est M. Sauvageon, le municipal...

RÉGINE.
Le maire de notre ville ?...

TIENNETTE.
Ça n'empêchera pas votre souper... car voici l'heure.

SAUVAGEON.
Je serais désolé de vous gêner... quoique j'aie à vous parler.

RÉGINE, *à Tiennette.*
Fais-moi servir ici, au coin du feu... (*Tiennette sort.*) Me parler à moi, monsieur le maire !...

SAUVAGEON.
Oui, mademoiselle... je dis mademoiselle, je dirai même mademoiselle de Volberg... quelque hardi que ce soit dans le temps actuel... Mais nous sommes seuls, et l'on ne peut nous entendre.

RÉGINE.
De quoi s'agit-il ?... et pourquoi cette musique militaire ?...

SAUVAGEON.
Ne vous effrayez pas... c'est un régiment qui arrive... pas autre chose... Grippardin, mon adjoint, leur distribue en ce moment, à la mairie, des billets de logement... Un régiment d'infanterie qui traverse notre ville, et se rend à la frontière du Nord, où l'on se bat toujours... C'est fâcheux... mais, en revanche, ces pauvres conscrits, tous jeunes gens de dix-huit ans, sont dans un état... à peine habillés... ce qui est avantageux... pour le commerce.

RÉGINE.
Vous êtes marchand de draps, M. Sauvageon ?...

SAUVAGEON.
Le plus riche marchand de draps de la ville de Dunkerque, et en ma qualité de maire, je me suis fait une commande pour l'habillement des troupes.

RÉGINE.
Et qui paiera ?...

SAUVAGEON.
La commune, que nous imposons extraordinairement pour un don patriotique et volontaire.

RÉGINE, *souriant.*
J'entends... vous venez m'obliger à souscrire... Je ne demande pas mieux !

SAUVAGEON.
Plus tard... je ne dis pas... mais en ce moment, mademoiselle, voici la chose... voici la situation : L'ancien duc de Volberg, votre père, a d'immenses propriétés en Allemagne et en France... Votre famille était la plus noble et surtout la plus riche du pays... c'est un tort !

RÉGINE.
Que vous avez bien atténué... car la moitié de nos biens a déjà été confisquée...

SAUVAGEON.
Pourquoi ?... parce qu'une partie de votre famille a émigré, et est passée en Autriche...

RÉGINE.
Mais moi, je reste !...

SAUVAGEON.
N'importe !... cela n'empêche pas que vous ne soyez suspecte, qu'on ne vous soupçonne l'intention de vouloir les rejoindre, et que l'on ait l'œil sur vous... Après cela, si jusqu'ici on ne vous a pas inquiétée... c'est que vous êtes aimée... vous avez des protecteurs...

RÉGINE.
M. Sauvageon, qui braverait tout pour moi !...

SAUVAGEON.

Oui, certes!... tant que je ne risquerai rien... parce que, *primo mihi*... ce qui veut dire : Charité bien ordonnée commence par soi-même... et après pour les autres... s'il en reste!... Or, dans ce moment, voici l'embarras où je me trouve. Pour inspecter notre ville de Dunkerque, et pour y réchauffer le patriotisme qui s'affaiblit... il nous est arrivé de Paris, par la diligence, une des autorités de la nation, un fameux... un terrible!... Aussi, en le recevant à bras ouverts... je tremblais de tous mes membres.

RÉGINE, *souriant*.

Vous êtes peureux?...

SAUVAGEON.

De naissance...

RÉGINE.

Et par habitude?...

SAUVAGEON.

C'est la seule chose qui m'empêche d'avoir du courage.

Sur la ritournelle des couplets suivans, rentre Tiennette, apportant sur un plateau tout ce qu'il faut pour le souper de sa maîtresse.

COUPLETS.

PREMIER COUPLET.

J'ai peur de l'orage qui gronde,
J'ai peur du calme qui renaît,
J'ai peur enfin de tout au monde,
Et j'y trouve mon intérêt :
Si je frémis, c'est pour moi-même,
Et, grâce à mon prudent système,
J'arrive à tout ce que je veux...
Comment! comment!... je suis peureux!
   Et les peureux
Se conservent toujours le mieux!

DEUXIÈME COUPLET.

J'ai peur du trouble et du tapage,
J'ai peur du bruit à la maison :
Aussi j'ai peur du mariage
Et je reste toujours garçon.
J'en vois tant au front pâle et blême...
Moi, grâce à mon prudent système,
Je conserve un air radieux.
Pourquoi? pourquoi?... je suis peureux!
   Et les peureux
Se conservent toujours le mieux!

RÉGINE.

J'entends à merveille!... Et quelles sont les mesures que réclame en ce moment votre conservation?...

SAUVAGEON.

Les voici : il s'agit de fêter dignement l'autorité de la nation, et comme autorité locale, c'est moi que cela regarde... pour un jour seulement... car, grâce au ciel... il part demain. J'avais donc pensé pour ce soir à un bal... un bal d'enthousiasme.

RÉGINE.

C'était bien!

SAUVAGEON.

Sans doute!... il n'y a que le local qui m'embarrasse... La grande salle de la mairie ne peut recevoir que douze personnes, et chez notre premier restaurateur, le salon de cent couverts ne tient que vingt-cinq, un peu serrés.

RÉGINE.

C'est désolant!

SAUVAGEON.

Alors, j'ai songé à votre maison, qui est la plus belle de Dunkerque.

RÉGINE, *à part*.

O ciel!

SAUVAGEON.

A la grande galerie qu'a fait bâtir votre père... et qui, éclairée, illuminée, ornée de guirlandes de chêne, présentera ce soir un coup d'œil magnifique.

RÉGINE, *avec effroi*.

Ce soir!..... impossible, monsieur, impossible!

SAUVAGEON.

Et pourquoi donc?...

RÉGINE.

Mon nom... mes opinions.

SAUVAGEON.

Raison de plus! c'est quand on pense d'une manière qu'il faut agir d'une autre.

RÉGINE, *élevant la voix*.

Moi! la fille et la sœur du duc de Volberg!...

SAUVAGEON.

Voulez-vous bien vous taire!... Si vous parlez ainsi, je ne vous connais plus... je ne vous ai jamais vue... car vous m'avez fait une peur... et moi, la peur me rend féroce, elle me rendrait capable de tout.

RÉGINE, *effrayée*.

Ah! mon Dieu!...

SAUVAGEON.

Calmez-vous!... Ne voyez-vous pas que ce service que vous me rendez vous en rend un à vous-même, que cela assure votre tranquillité?...

RÉGINE, *avec inquiétude*.

Vous croyez?...

SAUVAGEON.

Et puis enfin, ce que je vous demande... je pouvais m'en emparer légalement, et par décision du conseil municipal... mettre en réquisition votre salle de bal... mais alors, vous étiez perdue... On s'établissait chez vous d'autorité... on surveillait tout!

RÉGINE, *vivement*.

Ah! vous avez raison... je vous remercie... je consens, monsieur Sauvageon... je consens, mais dans la situation d'esprit où je suis, il me serait impossible de diriger... de surveiller...

SAUVAGEON.

Vous ne vous occuperez de rien... et tout sera prêt dans une heure... l'orchestre du bal sera la musique du régiment qui vient d'arriver... Quant aux couronnes de chêne... au banquet, aux rafraîchissemens et à l'enthousiasme... c'est moi qui fournis tout... aux frais de la ville... Vous n'aurez à vous mêler de rien, qu'à faire les honneurs... ce qui vous en fera un infini... et à moi aussi... On en parlera dans le journal du département, et après cela, je l'espère, nous en voilà débarrassés pour long-temps... car toutes ces cérémonies-là me font un plaisir et une peur... Adieu, mademoiselle; dans une heure, je reviens.

Il sort.

~~~~~~

SCENE III.

RÉGINE, TIENNETTE, *qui pendant la fin de la scène précédente a commencé à mettre le couvert.*

RÉGINE, *s'appuyant sur une chaise.*

Ah! mon Dieu !...

TIENNETTE.

Eh bien ! mademoiselle, qu'avez-vous donc ?... comme vous voilà troublée et tremblante !...

RÉGINE.

Je meurs de peur !

TIENNETTE.

Comme M. Sauvageon... ça se gagne, à ce qu'il paraît...

RÉGINE.

Ah! Tiennette... (*A demi-voix.*) Il y va de la vie de quelqu'un, et de la mienne peut-être...

TIENNETTE.

Qu'est-ce que vous me dites là ?...

RÉGINE.

Sais-tu quelle est la personne que j'attends ?... un proscrit, un Vendéen... le duc de Volberg, mon frère !

TIENNETTE.

Est-il possible ! moi, qui désirais tant le connaître !...

RÉGINE.

Oui, c'est la première fois qu'il sera venu ici, et dans quelles circonstances, mon Dieu !... Voilà deux ans que nous sommes séparés, deux ans, qu'exposé à tous les périls, et craignant d'augmenter les miens, il ose à peine me donner de ses nouvelles... Les dernières que j'ai reçu sont désastreuses... son corps d'armée a été anéanti... Lui-même, errant et poursuivi, n'a échappé que par miracle à toutes les recherches, et depuis deux mois il essaie en vain de se rapprocher des côtes et de s'embarquer.

TIENNETTE.

La surveillance est si active !

RÉGINE.

J'étais cependant parvenue à préparer sa fuite... Un de nos anciens serviteurs, qui est maître pilote, le vieux Georges, doit partir au point du jour dans un bateau pêcheur, avec son fils André.

TIENNETTE.

Eh bien ?

RÉGINE.

Eh bien ! André a été prévenir hier mon frère, qui est caché dans une ferme à six lieues d'ici, pour qu'il eût à se tenir prêt... Aussi il a dû ce soir, à la nuit tombante, se mettre en marche, afin d'entrer dans la ville avant qu'on en fermât les portes... et il va arriver.

TIENNETTE.

Ici ?...

RÉGINE.

Eh! mon Dieu ! oui... quel autre asile pouvais-je lui offrir ?... Il doit s'y tenir caché une partie de la nuit... puis, avant le jour, André viendra le chercher pour le conduire à la chaloupe, et de là en pleine mer...

TIENNETTE.

C'était à merveille !...

RÉGINE.

Sans doute !... mais ce bal... cette fête patriotique, que je ne pouvais prévoir... Comment le faire entrer mystérieusement ?... comment le cacher, dans une maison où il va y avoir deux cents personnes ?

TIENNETTE.

Raison de plus !... Est-ce qu'on y fera attention ?... Est-ce qu'on ira s'imaginer surtout que dans un pareil moment vous donnez asile à un proscrit ?... Ça ne peut venir à l'idée de personne.

RÉGINE.

Et moi qui me faisais une fête de recevoir mon pauvre frère !... Il est si malheureux, et si bon, si aimable... Ah ! tu l'aimerais comme moi, si tu le connaissais... Et puis il y a si long-temps que je ne l'ai vu, que je ne l'ai embrassé !

TIENNETTE.

Pas d'imprudence, mamselle !... car, voyez-vous bien, il n'y a que vous qui me faites peur... A quelle heure ce soir l'attendez-vous ?

RÉGINE.

D'un instant à l'autre... et même il devrait déjà être ici... Il doit arriver seul et déguisé... J'ignore par exemple sous quel costume.

TIENNETTE.

Peu importe !... Par où doit-il arriver ?

RÉGINE, *montrant la porte du fond à gauche.*

Par cette petite porte... qui donne sur une rue déserte.

TIENNETTE.

Très-bien !... Tandis que tout le beau monde

entrera par la grande porte... eh bien! mademoiselle, allez les recevoir... faites-leur les honneurs... moi, pendant ce temps, j'attendrai votre frère.

RÉGINE.

Le pauvre garçon!... six lieues à pied!... Il sera bien fatigué; il aura bien froid... Fais-lui un bon feu... donne-lui à souper.

TIENNETTE.

Voilà le vôtre... Soyez tranquille; on le recevra comme le fils de la maison.

RÉGINE.

Pas de lumières!... éteins-les... Qu'on ne voie pas du dehors qu'il y a quelqu'un ici.

TIENNETTE.

N'ayez donc pas peur.

RÉGINE.

Et puis surtout un bon lit... le meilleur... le mien!

TIENNETTE.

Il n'aura pas envie de dormir.

RÉGINE.

C'est égal... une heure ou deux seulement, ça le délassera... Et puis, dès qu'il sera arrivé... dès qu'il sera ici, viens m'avertir.

TIENNETTE.

Pour que cela fasse un événement... pour qu'à votre trouble, à votre émotion, tout le monde devine qu'il y a quelque chose!

RÉGINE.

Non, non... tu ne me diras pas un mot... Convenons du moindre signal... Tu entreras dans la salle du bal... tu me présenteras une assiette de fruits... un verre d'eau... je te comprendrai... et un instant après, je sortirai sous le moindre prétexte.

TIENNETTE.

Quelque imprudence!...

RÉGINE.

Un moment... une minute... le temps de l'embrasser, et je retourne après dans la salle du bal... Je ne pourrais pas sans cela... je n'y tiendrais pas... ça serait bien plus dangereux... Tandis qu'ainsi je me modérerai... je prendrai sur moi... j'aurai le courage d'attendre que tout le monde soit parti.

TIENNETTE.

Écoutez! écoutez! voici déjà qu'on arrive.

RÉGINE.

Je ne crois pas.

TIENNETTE.

Je vous dis que si... Allez, madame, allez vite!

RÉGINE.

Tu auras bien soin de lui?

TIENNETTE.

Eh! oui, sans doute!

Régine sort par la porte à droite.

SCENE IV.

TIENNETTE, *seule, arrangeant le souper*.

Ma pauvre maîtresse!... je crois bien qu'elle doit être inquiète... car moi-même, c'est étonnant l'effet que ça me fait... en pensant que tout-à-l'heure il va frapper là... à cette petite porte... On ne frappe pas... c'est ennuyeux!

COUPLETS.

PREMIER COUPLET.

Je ne sais pas pourquoi je tremble
En me disant : Il va venir!
C'est singulier... mais il me semble
Que ça me fait peine et plaisir!
Je n'attends que mon jeune maître,
Et pourtant mon cœur bat pour deux!
Ta, ta, ta, ta, ta, ta,
Mon Dieu! mon Dieu! qu'est-c' qu' ça doit être
Quand on attend un amoureux!

DEUXIÈME COUPLET.

Jamais on n' vit, tant je suis sage,
Un seul galant m'offrir sa foi!
Jamais garçon de mon village
N' m'a dit : Tiennette, attendez-moi!
Mais l' peu que je viens de connaître
M'en donne l'idée... et je veux,
Ta, ta, ta, ta, ta, ta, ta,
Oui, j' veux savoir c'que ça doit être
Quand on attend un amoureux!

On frappe.

Ah! mon Dieu!... on frappe... c'est lui!

Elle va ouvrir.

SCENE V.

TIENNETTE, ROGER.

TIENNETTE, *allant ouvrir*.

Entrez, entrez, monsieur!... (*Le regardant.*) Tiens, il est en soldat!... Il a eu raison... c'est l'habit que maintenant on respecte le plus.

ROGER.

Mademoiselle Régine de Volberg?...

TIENNETTE.

Silence!... c'est ici!

ROGER, *à voix haute, et jetant sur le clavecin à gauche, son sac, qu'il portait attaché au bout de son sabre*.

Je voulais...

TIENNETTE.

Taisez-vous!... Elle m'a chargée de vous recevoir.

ROGER.

Vous saviez donc que je devais venir?

TIENNETTE.

Eh! oui, sans doute.

ROGER.

Moi?

TIENNETTE.

Pas si haut, vous dis-je!... Si on vous entendait... Tenez, voilà votre souper qui vous attend, là au coin du feu... un poulet et une bouteille de Bordeaux.

ROGER.

En vérité !... moi qui meurs de faim !

TIENNETTE.

Silence !... Et puis vous devez être si fatigué ?

ROGER.

C'est vrai.

TIENNETTE.

Voilà la chambre de madame... Elle a voulu vous donner son lit.

ROGER, *vivement*.

Hein ?...

TIENNETTE.

Et cette lumière... Imprudente que je suis !...

Elle éteint les bougies.

ROGER.

Nous voilà dans l'obscurité... Qu'est-ce qu'elle fait donc ?

TIENNETTE.

Silence ! au nom du ciel !... Mangez, buvez, et surtout réchauffez-vous ; car il a les mains toutes froides... (*A demi-voix.*) Adieu, monsieur !

ROGER.

Mais dis-moi... au moins...

TIENNETTE.

Adieu !... Ne vous gênez pas ; faites comme chez vous... c'est ce que veut madame... et moi, je vais la prévenir.

Elle sort.

SCENE VI.

ROGER, *seul*.

Parbleu ! quelle qu'elle soit... c'est une brave dame !... Et nous autres, pauvres soldats d'infanterie, ne sommes pas habitués à pareille réception... J'arrivais ici pas trop à mon aise, avec le billet de logement que M. l'adjoint m'a délivré à la mairie... et je m'attendais à la figure ordinaire réservée aux défenseurs de la patrie quand ils viennent loger chez le bourgeois... Pas du tout... une gentille servante... qui m'attend... la maîtresse de la maison qui est remplie de soins et de prévenances pour le militaire, et qui même veut me céder son appartement... Ça, c'est trop fort... je ne le souffrirai pas... Mais pour ce bon feu qui me réchauffe et me ranime... pour le souper et le vin de Bordeaux... c'est différent !... Depuis trois mois que je suis soldat, je ne me suis pas encore rencontré face à face avec un ennemi comme celui-là... et il ne tiendra pas long-temps devant moi... Je n'y vois goutte ; mais c'est égal... je sens là une volaille qui exhale un parfum... (*Il s'est mis à la découper, et mange une aile, lorsqu'on entend dans la chambre à droite l'orchestre du bal qui commence à se faire entendre.*) (*Gaîment.*) De la musique dans la chambre à côté... un orchestre complet pendant que je soupe... rien n'y manque... En honneur, je ne sais plus où je suis... et j'ai peur de m'éveiller avant d'avoir soupé... Dépêchons-nous !

Il ôte son chapeau militaire, et ne trouvant pas à le placer sur la table, il le met par terre, sous son fauteuil.

CANTABILE.

Est-ce un prestige, un songe qui m'abuse ?
Me traiter avec tant d'éclat !...
Est-ce une fée en ces lieux qui s'amuse
Aux dépens du pauvre soldat ?

CAVATINE.

Gaîment.

Ma foi, si l'on m'attrape,
Je demande aujourd'hui
Que d'étape en étape
On se conduise ainsi ;
Quand le plaisir arrive,
Quand viennent les amours,
Sans leur crier : Qui vive ?...
Accueillons les toujours !
Pauvre soldat, prenons toujours...
Demain, les clairons ! les tambours !
Mais aujourd'hui, les plaisirs, les amours !

C'est magique, et peut-être
Ce souper séduisant
Soudain va disparaître...
Oui, mais en attendant,

Mangeant.

Ce poulet chimérique
Est rempli de saveur !

Buvant.

Et ce vin fantastique
D'une douce chaleur
A réjoui mon cœur !
Ma foi, si l'on m'attrape,
Je demande aujourd'hui
Que d'étape en étape
On me conduise ainsi...

SCENE VII.

ROGER, RÉGINE, *sortant de la porte à droite*.

Elle marche sur la pointe du pied, vient à Roger, qui est dans le fauteuil devant la table, s'élance dans ses bras et l'embrasse.

RÉGINE, *à Roger, qui veut parler, et lui mettant la main sur la bouche*.

Tais-toi !... tais-toi !... Maintenant, je puis prendre patience... Je reviendrai dès qu'ils seront partis... et nous pourrons passer ensemble le reste de la nuit. (*L'empêchant de parler.*) Tais-toi !... Adieu !

Elle disparaît par la porte à droite. L'orchestre, qui jusque là avait joué en sourdine, reprend le premier motif.

SCENE VIII.

ROGER, *se levant.*

Ma foi, si l'on m'attrape,
Je demande aujourd'hui
Que d'étape en étape
On se conduise ainsi !
Quand le plaisir arrive,
Quand viennent les amours,
Sans leur crier : Qui vive !...
Accueillons-les toujours !
Pauvre soldat, prenons toujours...
Demain, les clairons, les tambours !
Mais aujourd'hui, les plaisirs, les amours !

SCENE IX.

ROGER ; *puis* TIENNETTE.

On revient !... c'est elle !... (*Apercevant Tiennette qui rentre, une bougie à la main.*) Non, c'est la petite servante, qui, à coup sûr, est fort gentille... mais dans ce moment, ce n'est plus ça !...

TIENNETTE.
Ne restez pas ici, monsieur...

ROGER.
Et pourquoi donc ?

TIENNETTE.
On a voulu, dans l'intervalle des contredanses, faire de la musique ici dans ce petit salon... et madame m'envoie vous le dire, de peur qu'on ne vous voie...

ROGER.
C'est juste... Et où me cacher ?

TIENNETTE.
Là... dans sa chambre.

ROGER, *hésitant.*
Laisse donc !...

TIENNETTE.
C'est elle qui l'a dit.

ROGER, *gaîment.*
C'est différent !... j'obéis... Dis-lui de se dépêcher... que j'attends, que je meurs d'impatience...

TIENNETTE.
Pardine !... et elle aussi... Elle voudrait bien que tout ce monde-là fût parti.

ROGER.
En vérité !... (*L'embrassant.*) Tu es charmante !

TIENNETTE.
Mais partez donc !...

ROGER, *entrant dans la chambre à gauche.*
Dépêche-toi, car dans cette chambre que je ne connais pas... on n'y voit goutte.

TIENNETTE, *lui donnant son havresac et son sabre qu'elle prend sur le clavecin.*
Et votre sabre que vous oubliez !...

SCENE X.

TIENNETTE, *se frottant le col, que Roger vient d'embrasser.*

Ces jeunes seigneurs... comme ça se reconnaît tout de suite... Quelles bonnes manières !... Et on voudrait les supprimer !... Qui vient là ?... M. Sauvageon, un marchand... un bourgeois... Quelle différence !...

SCENE XI.

TIENNETTE, RÉGINE, SAUVAGEON.

RÉGINE, *entrant.*
Grâce au ciel ! il n'y est plus !

SAUVAGEON.
Pourquoi donc, mademoiselle, cet air d'inquiétude que je vous ai vu toute la soirée ?

RÉGINE, *s'efforçant de rire.*
Moi ! par exemple !

SAUVAGEON.
Oui, vraiment, vous n'étiez pas comme à votre ordinaire.

TIENNETTE, *à part.*
L'imprudente !

SAUVAGEON.
Et pourtant, tout a été à merveille ; le farouche proconsul a été enchanté de votre amabilité, de votre salon et de mon patriotisme... aussi il m'a dit, en me frappant sur l'épaule avec une force...! c'était une gracieuseté...

TIENNETTE.
Qui vous a fait peur ?

Pendant cette scène, Tiennette va serrer dans le cabinet à droite le couvert et les restes du souper.

SAUVAGEON.
C'est vrai ! il m'a dit que ma demande me serait accordée.

RÉGINE.
Laquelle ?

SAUVAGEON.
L'habillement de l'armée du nord, fourniture honorable, qui me permettra d'écouler tous mes draps inférieurs, parce que pour aller au feu c'est toujours assez bon ; et c'est à vous que je devrai ma fortune... à vous, et au citoyen représentant, qui pour comble de bontés vient de s'en aller.

RÉGINE.
Je l'ai bien vu, et j'ai respiré.

SAUVAGEON.
Moi aussi !

RÉGINE.
Pourquoi s'est-il retiré de si bonne heure ?

SAUVAGEON.
S'il faut vous le dire, vous lui avez parlé avec

tant de grâces et de bonnes manières que ça le gênait, ça le déroutait... il n'était plus chez lui, et il a profité pour s'en aller du premier prétexte qui s'est présenté... un incident dont on est venu le prévenir.

RÉGINE.

Lequel?

SAUVAGEON.

Un homme suspect et déguisé a été vu rôdant autour de la maison; mais effrayé sans doute par le bruit de la fête, il s'est éloigné en se dirigeant vers le port, à ce qu'on dit, car d'autres prétendent l'avoir vu entrer par cette petite porte, ce qui n'est guère vraisemblable, vous en sauriez quelque chose?

RÉGINE.

Certainement!

SAUVAGEON.

Personne d'étranger n'est venu ici dans ce côté de la maison?

RÉGINE.

Non, sans doute!

SAUVAGEON.

Il faudrait le dire d'abord dans votre intérêt, parce que donner asile à un homme suspect, c'est s'exposer soi-même... et le meilleur de mes amis se présenterait chez moi, que je lui dirais : Je t'aime, mais j'ai peur, et quand j'ai peur, il n'y a plus d'amis.

RÉGINE, *prenant un fauteuil et lui faisant signe de s'asseoir.*

Vous avez bien raison, et je vous répète que personne d'étranger n'est venu ici.

SAUVAGEON, *tirant un fauteuil à droite et apercevant le chapeau que Roger a laissé sous le fauteuil.*

J'en doute, j'en doute maintenant, car voici un chapeau militaire qui n'est pas venu tout seul.

RÉGINE.

Ah! mon Dieu!

TIENNETTE.

C'est à moi!

SAUVAGEON.

A vous?

TOINETTE.

C'est-à-dire, c'est moi, monsieur, moi seule qui à l'insu de mademoiselle...

RÉGINE.

Non pas, je ne souffrirai pas qu'elle s'expose pour moi!

SAUVAGEON.

Il y a donc quelqu'un... quelqu'un de caché ici, et je ne vois que ce cabinet et cet appartement, qui est le vôtre.

RÉGINE.

Arrêtez, monsieur, arrêtez, et ne me perdez pas!... eh bien! oui, il y a là un jeune homme...

SAUVAGEON.

Un amoureux!

RÉGINE, *avec indignation.*

Un amoureux? qu'osez-vous dire?

SAUVAGEON.

Alors, qu'est-ce que c'est?

RÉGINE, *vivement.*

Si, monsieur, si, j'en conviens, c'est quelqu'un que j'aime, qui m'aime tendrement... mais croyez que dans un tel sentiment il n'y a rien que de pur et de légitime.

SAUVAGEON.

De légitime... là, dans votre chambre à coucher? à moins que ce ne soit un mari?

RÉGINE, *vivement.*

Oui, monsieur... oui, un mari!

TIENNETTE, *à part.*

Voilà qu'elle s'embrouille!

SAUVAGEON.

Un mariage secret!

RÉGINE.

Oui, monsieur... justement, des raisons de famille... de convenances. Et n'en parlez pas, je vous prie, gardez-moi le silence, parce que, dans cette petite ville, les bavardages, les propos...

SAUVAGEON.

C'est juste! on est bavard... bavard... aussi l'on ne saura rien, je vous le promets... il n'y aura que moi... et vous me le présenterez, j'espère.

RÉGINE.

Comment donc! dès demain... Silence! on vient.

SCÈNE XII.

TIENNETTE, RÉGINE, SAUVAGEON, TOUTE LA SOCIÉTÉ, *sortant du salon à droite.*

FINAL.

CHŒUR, *s'adressant à Régine.*

Heureuse nuit! agréable soirée!
Qui, grâce à vous, n'offre que des amis;
Tout dans ces lieux séduit l'âme enivrée,
Et les plaisirs y sont tous réunis.

Pendant le chœur précédent l'on a approché et ouvert le clavecin.

SAUVAGEON, *à Régine.*

Nous espérons bien vous entendre!

RÉGINE.

Moi!... je voudrais, et je ne puis...

SAUVAGEON, *à Régine.*

Un tel refus pourrait surprendre;
Tous ceux qui sont chez vous ne sont pas vos amis!

RÉGINE, *vivement.*

Ah! j'essairai du moins...

à part.

Je tremble...

TIENNETTE, *bas et l'encourageant.*

Allons, mamselle!

SAUVAGEON.

L'auditoire est très-indulgent!

Lui montrant un papier de musique.

Tenez... cette chanson nouvelle...

RÉGINE, *regardant du côté de la porte à gauche.*
Chanter en un pareil moment !
CHOEUR, *se groupant autour du clavecin.*
Heureuse nuit ! agréable soirée !
Qui, grâce à vous, etc., etc.

RÉGINE, *chantant.*

PREMIER COUPLET.

Un jeune et beau trompette
Trottant et galopant
　Sur son cheval blanc,
Portait en estafette
Un avis important
　De son commandant.
Une forêt bien sombre
A ses yeux vient s'offrir,
Seul, sans guide, et dans l'ombre,
L'osera-t-il franchir ?...
Bravement il s'élance...
Quand soudain sur ses pas
Dans la forêt immense
Il croit entendre, hélas !...
　　　　　Baissant la voix.
Il croit entendre, hélas !...
Tra, ta, ta, ta, ta, ta, ta, ta,
Sonnez, sonnez, pauvre trompette...
Sonnez !... vos sons retentissans,
Qu'au fond du bois l'écho répète,
Ont mis en fuite les brigands !

RÉGINE.
Tra, ta, ta, ta, ta, ta,
Tra, ta, ta, ta, ta, ta.

SAUVAGEON *et* LE CHOEUR.
Ah ! c'est charmant ! oui, c'est charmant !
Ah ! quel plaisir j'éprouve en l'écoutant !

RÉGINE.

DEUXIÈME COUPLET.

En voyant leur déroute,
Sans songer au danger,
　Notre messager
Gaîment reprend sa route,
Habile à diriger
　Son coursier léger...
A sa jeune maîtresse
En son cœur il rêvait...
C'est elle que sans cesse
En route il invoquait !...
O nouvelles alarmes !
Et pour lui quel moment !
Il voit briller des armes,
Et soudain il entend ...
　　　　Baissant la voix.
Oui, voilà qu'il entend...

On entend tomber un meuble dans la chambre où est Roger, et Régine, pour cacher ce bruit, reprend à pleine voix :

Tra, ta, ta, ta, ta, ta, ta, ta,
Fuyez, fuyez, pauvre trompette !
Fuyez, fuyez, sauvez vos jours !
N'attendez pas qu'on vous arrête ;
La fuite est votre seul recours !

　　Chantant encore plus haut.

Tra, ta, ta, ta, ta, ta,
Tra, ta, ta, ta, ta, ta.

CHOEUR *à demi-voix.*
C'est étonnant... c'est étonnant !
Quelqu'un est donc dans cet appartement ?

RÉGINE.
Tra, ta, ta, ta, ta, ta,
Tra, ta, ta, ta, ta, ta.

SAUVAGEON, *à part.*
Ah ! l'imprudent ! ah ! l'imprudent !
On sait qu'il est dans cet appartement !

On entend dans la chambre où est Roger le bruit d'une personne qui trébuche et s'embarrasse dans un meuble.

CHOEUR, *à Sauvageon.*
Vous avez entendu !...

SAUVAGEON.
Non vraiment ! non vraiment !

CHOEUR.
Voyons toujours... voyons, c'est plus prudent.

Plusieurs hommes entrent dans la chambre à gauche.

RÉGINE.
C'en est fait de mon frère... et ses jours qu'il expose...

Apercevant Roger qui sort de la chambre.

O ciel !... ce n'est pas lui !...

SAUVAGEON, *allant parler à toutes les personnes de société qui sont au fond du théâtre.*
Je savais tout... c'est son mari !
Je vous expliquerai la chose...

ROGER, *bas à Régine, qui se trouve sur le devant de la scène.*
Je n'y comprends rien... mais commandez ! j'obéis.
Vos ordres à l'instant par moi seront suivis !

ENSEMBLE.

RÉGINE, *se soutenant à peine, et hors d'état de répondre.*
　La surprise et la crainte
　Dont mon âme est atteinte
　M'enlèvent à la fois
　Et la force et la voix !

ROGER, SAUVAGEON *et* LE CHOEUR, *regardant Régine.*
　La surprise ou la crainte
　Dont son âme est atteinte
　Lui ravit à la fois
　Et la force et la voix !

A la fin de cet ensemble on apporte une lettre à Sauvageon.

SAUVAGEON.
De mon adjoint, une lettre pour moi !...
　　　La décachetant et lisant.
« Monsieur le maire... »
　　　Faisant un mouvement de surprise.
O ciel !...

RÉGINE, *voyant Sauvageon qui examine tour à tour et Roger.*
Ah ! je tremble d'effroi !...

SAUVAGEON, *lisant la lettre.*
« Le comte de Volberg, un ci-devant seigneur...
» Rôde dans ce canton, on vient de m'en instruire,
» Et dans la maison de sa sœur
» S'il est vrai qu'un secret il cherche à s'introduire,
» Sans éclat, il faudrait peut-être prudemment
» L'empêcher d'en sortir, car demain l'on attend
» L'accusateur public... le terrible... »
　　　S'arrêtant.
　　　　　　Ah ! je tremble !
» Il décidera de leur sort ! »
　　　Regardant Roger et Régine.
Mais d'ici là, dans le doute... il me semble

Que je dois par devoir songer... à moi d'abord !

ENSEMBLE.

SAUVAGEON.

Songeons à ma place ;
Le péril menace
Ma tête et ma place,
Et je suis tremblant !
J'y tiens d'amour tendre,
Et pour les défendre,
Moi, je ferais pendre
Le département !

RÉGINE.

Nouvelle disgrâce
Ici nous menace.
Ah ! d'effroi se glace
Mon cœur tout tremblant.

Regardant Sauvageon.

Que va-t-il m'apprendre ?
Comment nous défendre ?
Et quel parti prendre
En un tel moment ?

ROGER, *regardant Régine.*

Que d'attraits, de grâce !
Mais quelle disgrâce
Ici nous menace ?
J'ignore vraiment
Quel sort doit m'attendre ;
Mais, sans rien comprendre,
Un soldat doit prendre
La vie en chantant !

CHOEUR.

Savez-vous, de grâce,
Ce qui nous menace
Et ce qui se passe ?
Le maire est tremblant !
Que vient-il d'apprendre ?
Comment nous défendre,
Et quel parti prendre ?
Ah ! c'est effrayant.

SAUVAGEON, *s'avançant vers Roger.*

Quel que soit votre nom, sur lequel tout m'éclaire,
Je n'interroge pas... ce n'est pas là d'un maire
Le devoir... et d'ailleurs vous mentiriez tous deux.
Mais je dois m'assurer de vous... et de ces lieux
Vous ne sortirez pas !

ROGER.

Moi, soldat !

SAUVAGEON.

Peu m'importe !

Donnant des ordres au dehors.

Un surveillant à chaque porte !

Revenant à Roger et à Régine.

Et toute cette nuit vous resterez ici !

RÉGINE, *effrayée.*

Ensemble !

SAUVAGEON.

Pourquoi pas ?... si c'est votre mari !...
Comme vous l'avez dit... c'est fort bien, fort honnête,
Et s'il ne l'était pas, si vous aviez menti,
Il y va de la tête !...

ROGER, *vivement.*

Ah ! je suis son mari !

SAUVAGEON, *à Roger.*

Et si vous nous trompez... la vôtre tombe aussi !

ROGER.

N'importe ! je suis son mari,

Quand cet honneur devrait me conduire au supplice.

Bas à Régine.

Que le calme renaisse en vos sens éperdus !...
Si je suis votre époux pour vous rendre service,
Quand vous l'ordonnerez... je ne le serai plus !...

ENSEMBLE.

SAUVAGEON.

Songeons à ma place ;
Le péril menace
Ma tête et ma place,
Et je suis tremblant !
J'y tiens d'amour tendre,
Et pour les défendre,
Moi, je ferais pendre
Le département !

RÉGINE.

Fatale disgrâce !
Oui, tout nous menace,
Et d'effroi se glace
Mon cœur tout tremblant !
Comment nous défendre,
Et quel parti prendre ?
Dieu, daigne m'entendre
En un tel moment !

ROGER.

Allons, de l'audace !
Mais quelle disgrâce
Ici nous menace !
J'ignore vraiment ;
Mais, sans rien comprendre,
Quel sort doit m'attendre !
Un soldat doit prendre
La vie en chantant !

CHOEUR.

Savez-vous, de grâce,
Ce qui nous menace
Et ce qui se passe ?
Le maire est tremblant.
Que vient-il d'apprendre ?
Comment nous défendre,
Et quel parti prendre ?
Ah ! c'est effrayant !

SAUVAGEON, *au chœur.*

Amis, amis, retirons-nous,
Et laissons ces heureux époux !

RÉGINE.

Mon Dieu, mon Dieu, protège-nous !

ROGER.

Ne craignez rien d'un tel époux,
Son honneur veillera sur vous !

LE CHOEUR.

Amis, amis, retirons-nous,
Et laissons ces heureux époux.

SCÈNE XIII.

LES MÊMES, TIENNETTE ; *entrant par la porte à droite et courant près de sa maîtresse.*

TIENNETTE, *à demi-voix et sans voir Roger.*

Ah ! madame, ah ! madame, ah ! j'ignore comment...
Mais Pierre le pêcheur me l'annonce à l'instant !
Votr' frère est embarqué !...

RÉGINE, *avec joie.*

Ciel !...

TIENNETTE.
Sauvé!...
S'avançant et apercevant Roger.
Non, vraiment!
Le voici!... je le vois!...
RÉGINE, *à demi-voix.*
Il y va de nos jours! tais-toi!...
SAUVAGEON, *passant entre Régine et Tiennette.*
Allons, Tiennette, allons, retirons-nous!
Et laissons ces heureux époux!
TIENNETTE, *étonnée.*
Ces époux?
ROGER.
Oui, ces époux!

ENSEMBLE.
RÉGINE.
Mon Dieu, mon Dieu, protége-nous!
ROGER.
Ne craignez rien, rassurez-vous,
C'est l'honneur d'un soldat qui veillera sur vous!
TIENNETTE.
Comment! comment! ils sont époux!...
SAUVAGEON *et* LE CHŒUR.
Amis, amis, retirons-nous!
Et laissons ces heureux époux!

Tout le monde se retire. On entend au dehors fermer les portes et placer des factionnaires. Régine se laisse tomber sur un fauteuil, et Roger, à quelques pas d'elle, la regarde avec respect.

ACTE DEUXIÈME.

Le théâtre représente un riche salon ; porte au fond, deux portes latérales ; une table à gauche.

SCENE PREMIERE.

LA COMTESSE, *assise sur un fauteuil et lisant un journal.*

« Gazette de la cour. Prague, 28 novembre 1805. » On ne s'aperçoit pas ici de la guerre avec la » France. Les bals et les réjouissances y continuent » toujours. Le jeune comte de Libnitz, chambellan » de l'empereur d'Autriche, vient de nous donner » une fête charmante pour ses fiançailles avec la » belle Mlle de Volberg, sœur du duc de Volberg, » et...» (*S'interrompant.*) Et nièce de Mme la comtesse de Lichsteinstein; car c'est ma nièce... voilà ce qu'on aurait dû ajouter... mais ces gazetiers n'y entendent rien, même ceux de la cour... et à moins de faire les articles soi-même...(*Continuant.*) « La belle Mlle de Volberg, malgré ses biens con- » fisqués en France pendant la révolution, est en- » core une des plus riches héritières d'Allemagne,» (*S'interrompant.*) Et, ce qui vaut mieux, une des plus nobles! (*Continuant.*) « C'est, dit-on, à la » fin de novembre, que ce mariage doit se cé- » lébrer dans son château de Volberg, en Mora- » vie! » Nous y voici! et comme c'est moi qui sers de mère à ma nièce, j'aurai soin que tout se passe dans les plus strictes règles de l'étiquette allemande.

SCENE II.

LA COMTESSE, TIENNETTE.

LA COMTESSE.
Eh bien! mademoiselle Tiennette, quelle nouvelle?

TIENNETTE.
Aucune, madame la comtesse; ni M. le duc de Volberg, votre neveu, ni M. de Libnitz, le fiancé, ne sont encore arrivés. C'est étonnant!

LA COMTESSE.
Si ce n'était que cela!... mais c'est inconvenant, d'une haute inconvenance... Et que dit ma nièce?

TIENNETTE.
Elle ne dit rien. Je viens de l'habiller, et l'ai laissée, en toilette de mariée, calme et tranquille dans un grand fauteuil.

LA COMTESSE.
C'est inconcevable! un mariage superbe!... car le comte de Libnitz est neveu de Metternich, favori de l'empereur d'Autriche; et exilées de France, comme nous le sommes, nous retrouvons par là, à la cour de Vienne, un rang, une position.

TIENNETTE.
Ma maîtresse sait bien tout cela!

LA COMTESSE.
Pourquoi alors a-t-elle résisté pendant si longtemps aux instances de son frère et aux miennes?

TIENNETTE, *secouant la tête.*
Oh! il y avait pour cela des raisons...

LA COMTESSE.
Que tu sais, toi?

TIENNETTE.
Peut-être bien... car en France comme en Allemagne, je n'ai jamais quitté ma maîtresse... elle m'avait défendu de parler, ce qui m'a coûté plus d'une fois... il est vrai qu'à présent, aujourd'hui surtout, on peut se dédommager et tout dire.

LA COMTESSE.
Alors parle donc!

TIENNETTE.

Eh bien! madame, c'est qu'il y a bien longtemps, en France, et avant de venir ici en Allemagne, ma maîtresse a été mariée!

LA COMTESSE, *stupéfaite.*

Mariée! mariée! sans qu'on me l'ait dit! et moi qui ai attesté au comte de Libnitz qu'il épousait Mlle de Volberg!

TIENNETTE.

Cela n'empêche pas!

LA COMTESSE.

Mariée! et à qui donc? à quelque grand seigneur de l'ancienne cour?

TIENNETTE.

Non, madame.

LA COMTESSE.

Quelle indignité! à quelqu'un du nouveau régime... elle a eu raison de me cacher un pareil mariage... quelque ministre du Directoire ou du Consulat?

TIENNETTE.

Non, madame, c'était un militaire.

LA COMTESSE, *avec mépris.*

Un général de la république?

TIENNETTE.

Non, madame. (*A demi-voix.*) Un soldat, un paysan!

LA COMTESSE, *avec indignation.*

Tiennette! vous m'insultez... vous insultez notre famille!

TIENNETTE.

Mais, madame...

LA COMTESSE.

Sortez!

TIENNETTE.

Comme vous voudrez... je ne dirai plus rien, mais cela n'empêche pas que cela n'ait été vrai.

LA COMTESSE, *la rappelant.*

Attendez donc! je me rappelle maintenant... quand ma nièce était si malade, est arrivée pour elle une lettre que j'ai ouverte, une lettre sans orthographe, et si extravagante, que je me suis bien gardée de la lui montrer. C'était signé Roger, sergent.

TIENNETTE.

C'est bien cela.

LA COMTESSE, *vivement.*

Et comment se fait-il?... parle donc! parle bas!

TIENNETTE.

Laissez-moi le temps d'abord! Il y a qu'à Dunkerque, le jour même où M. de Volberg, votre neveu, s'échappait, arriva chez nous avec un billet de logement, un jeune soldat que par un embrouillamini trop long à vous expliquer, on prit d'abord pour le frère, et puis pour le mari de mademoiselle... ce qu'on leur laissa croire, parce que cela favorisait d'autant l'évasion de votre neveu.

LA COMTESSE.

Je comprends et respire... c'était une feinte, une ruse... inconvenante peut-être, mais jusqu'à un certain point permise pour sauver un frère.

TIENNETTE.

Attendez donc... Lorsque le lendemain, dans la ville de Dunkerque, on sut décidément que le vrai duc de Volberg s'était échappé, grâce aux soins de sa sœur, le peuple ameuté enfonce la maison de mademoiselle pour la tuer, pour nous tuer tous... et alors, Roger, ce jeune soldat qui était avec nous, se jette devant elle, le sabre à la main, et, profitant du mensonge de la veille, déclare à haute voix qu'elle était sa femme et qu'il la défendrait! et ses camarades du régiment qui étaient là, dans la foule, prirent parti pour lui, et ils criaient tout haut qu'ils ne laisseraient pas conduire à l'échafaud la femme d'un défenseur de la patrie; et comme alors on respectait l'uniforme, le représentant du peuple, quoique furieux, répondit : « Si la ci-devant est réellement la femme du citoyen soldat, on lui fera grâce. Que l'on nous prouve seulement qu'ils sont mariés. » Et tout le monde répondit : C'est juste, où est votre extrait de mariage? Et vous jugez de l'embarras de ma maîtresse et du pauvre soldat, qui répondit brusquement : « Est-ce que j'en ai? est-ce qu'un soldat porte sur lui d'autres papiers que celui de ses cartouches? — Soit! dit le représentant. A quelle époque avez-vous été mariés? — Il y a un an. — Dans quelle ville? A quelle municipalité? » Ah! dam, ce pauvre jeune homme ne savait que dire; mais à tout hasard, et pour gagner du temps, il répondit : « Dans la ville de Lyon, aux Brotteaux. — On y enverra, dit froidement le représentant. Si vous avez dit vrai, vous êtes libres, sinon votre tête tombera à tous deux, et pendant les dix jours nécessaires pour aller à Lyon et en revenir, vous resterez dans la maison de la citoyenne, et sous la surveillance d'un municipal! » Ce qui fut fait.

LA COMTESSE.

Impossible de s'échapper?

TIENNETTE.

Pas moyen!

LA COMTESSE.

Et pendant dix jours logés sous le même toit?

TIENNETTE.

Si ce n'était que cela...

LA COMTESSE.

Qu'est-ce que tu dis?

TIENNETTE.

Je dis... je dis que le soir, quand je voulus donner à monsieur le soldat un appartement séparé... « Pourquoi donc? s'écria le municipal... est-ce qu'ils ne seraient pas mari et femme? est-ce qu'on aurait trompé la nation? » Et alors...

LA COMTESSE, *effrayée.*

Ah! mon Dieu!

TIENNETTE.

Dam! pour ne pas éveiller les soupçons et par égard pour la nation...

LA COMTESSE.

Mais c'est affreux!

TIENNETTE.

Une chambre immense... lui, dans un grand fauteuil, bien loin.

LA COMTESSE.

C'est égal.

TIENNETTE.

Et je vous jure que l'on pouvait dormir tranquille sous la sauve-garde de son honneur, car il se serait fait tuer pour mademoiselle, et à peine osait-il la regarder ou lui adresser la parole.

LA COMTESSE.

A la bonne heure.

TIENNETTE.

C'était tout naturel! une grande dame, une duchesse, et lui, un simple soldat, le fils d'un fermier, sans éducation, mais plein de générosité et de si nobles sentiments... oubliant pour nous les périls qu'il courait; renonçant, sans se plaindre, à sa patrie, à son vieux père, à son avenir, car on attendait de jour en jour le messager envoyé à Lyon, et il revint enfin, à notre grande frayeur.

LA COMTESSE.

Eh bien?

TIENNETTE.

Eh bien! il annonça que, lors du siége et du bombardement de la ville, la municipalité des Brotteaux avait été incendiée.

LA COMTESSE.

Dieu soit loué!

TIENNETTE.

Ainsi que les papiers de l'état civil.

LA COMTESSE.

Plus rien à craindre!

TIENNETTE.

Ah! bien oui! « S'il en est ainsi, s'écria le représentant du peuple, il n'y a pas de loi qui défende d'épouser une seconde fois sa femme, et s'il est vrai que ce mariage ait déjà eu lieu, rien n'empêche de le renouveler ici. »

LA COMTESSE, *vivement.*

Je m'y oppose, je m'y oppose! ma nièce devait refuser.

TIENNETTE.

C'est bien aisé à dire; mais il y allait de la tête; et puis Roger lui disait à voix basse : « Mademoiselle, ce mariage est nul devant le ciel, et dès que vous le voudrez, dès que vous le pourrez sans danger, vous n'aurez qu'un mot à dire; je suis prêt à demander moi-même le divorce... fiez-vous à l'honneur d'un soldat! » Moi, d'abord,

j'aurais eu confiance... Mademoiselle fit comme moi, et devant M. Sauvageon, le maire de Dunkerque...

LA COMTESSE.

O ciel! elle a donc été Mme Roger!

TIENNETTE.

Mieux encore... la citoyenne Roger!

LA COMTESSE, *se cachant la tête dans ses mains.*

Ah! quelle indignité!

TIENNETTE.

En quoi donc?... elle était libre... elle n'avait plus rien à craindre... Roger devait rejoindre son régiment, et, protégées par lui, nous traversâmes la France entière... la duchesse de Volberg, la grande dame eût à chaque pas rencontré la mort ou la prison; mais partout on respectait la femme du soldat; et lorsque, arrivés à la frontière, il fallut se séparer, je le vois encore, lui, si brave, était pâle et tremblant. Adieu! dit-il; vous avez ma promesse, et dès que vous le voudrez, je signerai le divorce; mais vous n'en aurez pas besoin, car je vais me battre, et bientôt, je l'espère, vous serez veuve... Pauvre jeune homme!... il me semble que je le vois encore... (*Toute émue.*) Ah! je ne l'oublierai jamais!... (*A la Comtesse.*) Et c'est peut-être à ça qu'avait rapport la lettre qu'il avait écrite.

LA COMTESSE.

A peu près; il était dangereusement blessé; et avant de mourir il avouait à ma nièce qu'il l'aimait!

TIENNETTE.

O ciel!

LA COMTESSE.

Cela t'indigne!

TIENNETTE, *à part.*

Non, je m'en doutais!... (*Haut.*) Et vous avez répondu?

LA COMTESSE.

Je ne le voulais pas; mais comme il parlait de services rendus à ma nièce, je lui envoyai en son nom, et sans lui en rien dire, une centaine de louis!

TIENNETTE.

Qu'avez-vous fait?

LA COMTESSE.

Pour qu'il fût plus convenablement enterré.

TIENNETTE.

Ce n'est pas possible!

LA COMTESSE, *vivement.*

Est-ce qu'il ne le serait pas... est-ce qu'il ne serait pas mort?

TIENNETTE.

Eh! si vraiment! ce n'est que trop vrai!... malgré toutes ses recherches, et depuis un an seulement, mademoiselle a appris que le nommé Roger, parti soldat et devenu lieutenant, avait été tué à Marengo; l'acte bien en forme lui a été expédié. C'est pour ça que pendant un an ma maîtresse n'a pas voulu quitter le noir ; et voilà comment elle s'est trouvée mariée, veuve et demoiselle !

LA COMTESSE.

La voici, laisse-nous.

TIENNETTE.

Mais vous ne lui direz rien ?

LA COMTESSE.

Sois donc tranquille... je suis là à lire la Gazette.

Tiennette sort.

SCÈNE III.

LA COMTESSE, *à la table à droite, lisant la Gazette*, RÉGINE, *en toilette de mariée, entrant par la porte à gauche.*

RÉGINE, *s'avançant et rêvant sur le bord du théâtre.*

RÉCITATIF.

Ces liens ignorés ont brisés pour jamais !
Il est mort loin de sans avoir pu connaître
Quelle reconnaissance en mon âme ont fait naître
  Son dévoûment et ses bienfaits !

CANTABILE.

  Cette fatale image,
  Qui me poursuit toujours,
  Comme un sombre nuage
  Attristera mes jours.
Il a dû dire : Elle m'oublie !
Celle à qui j'ai donné ma foi,
Celle à qui j'ai donné ma vie,
N'a pas un souvenir pour moi !...

LA COMTESSE, *voyant Régine plongée dans sa rêverie.*

Mais, ma nièce, qu'avez-vous donc ?

RÉGINE.

Qui moi ?... moi, non, je n'ai rien !
Je suis gaie, et vous le voyez bien ;
  Pardon, pardon, ma tante,
  Je sens qu'au fond du cœur
  Je dois être contente,
  C'est un jour de bonheur !
    Aussi voilà
    Que je souris déjà.
  D'une telle alliance
    L'espoir flatteur
  Peut tout donner, je pense,
    Hors le bonheur !
Pardon, pardon, ma tante, etc., etc.

SCÈNE IV.

LES MÊMES, TIENNETTE, *rentrant avec agitation.*

Madame ! madame !

LA COMTESSE.

Eh bien ! est-ce enfin le prétendu ?

TIENNETTE.

Non, mais voici de ses nouvelles !

LA COMTESSE.

Il ne vient pas lui-même ?

TIENNETTE.

C'est un messager, déguisé en paysan, qui apporte cette lettre de la part de monsieur votre frère et du chambellan.

LA COMTESSE, *avec inquiétude.*

Qu'est-ce que cela signifie ?

RÉGINE.

Ils auront été retardés malgré eux... les chemins sont si mauvais en Moravie, surtout à cause du passage des troupes..

TIENNETTE.

Alors on part plus tôt... un prétendu doit toujours être pressé.

RÉGINE, *souriant.*

Pas en Allemagne à ce qu'il paraît.

LA COMTESSE *qui a parcouru la lettre.*

Ah ! mon Dieu ! voici bien d'autres nouvelles ; il nous engagent à fuir au plus ite.

RÉGINE *et* TIENN...E.

Et pourquoi donc ?

LA COMTESSE.

Parce qu'il y en a d'autres qui arrivent !

RÉGINE.

Et qui donc ?

LA COMTESSE.

Les Français !

RÉGINE.

Ah ! mon Dieu !

LA COMTESSE.

Eh ! oui, vraiment ! les Français ! Ils sont fous, ils perdent la tête ; ils ne savent plus ce qu'ils font ni où ils vont... Voilà quinze jours qu'ils étaient cernés par les armées russes et autrichiennes, et, au lieu de se tenir tranquilles, ils viennent d'improviser une marche, une manœuvre à laquelle on ne comprend rien, pas même le chambellan, qui, coupé par leur changement d'opérations, est tombé entre leurs mains, ainsi que votre frère !

RÉGINE.

Est-il possible !...

LA COMTESSE.

Prisonnier ! ma chère... prisonnier !... un prétendu qui venait pour se marier en bas de soie et l'épée au côté... Ils l'ont pris !... c'est lui qui nous l'écrit... Les Français concentrent toutes leurs forces de ce côté, autour d'un mauvais petit village qu'on appelle, je crois, Austerlitz, et qui se trouve justement à trois lieues d'ici.

RÉGINE.

Eh bien, ma tante ?...

LA COMTESSE.

Eh bien, ma nièce, ils vont arriver, s'emparer de ce château, mettre tout à feu et à sang !

TIENNETTE.

Certainement, car les paysans qui se sont sauvés m'ont annoncés qu'ils avaient aperçu de loin les uniformes de la garde.

RÉGINE.

Eh bien?

LA COMTESSE.

Eh bien, ce seul mot ne vous fait pas frémir!... un régiment de la garde qui se dirige de ce côté... la garde impériale, ma nièce!... mais c'est tout dire!... ils ne respectent ni l'âge, ni le rang, ni les enfans, ni les femmes.

RÉGINE.

Laissez donc!

LA COMTESSE.

Les femmes nobles surtout!..... et nous qui avons dix-huit quartiers... trois cents ans de noblesse... c'est à faire frémir!... qu'est-ce qui nous attend, bon Dieu!

RÉGINE.

Eh! ma tante, nous ne risquons rien!

TIENNETTE.

Vous croyez, mademoiselle?

RÉGINE.

Eh oui! sans doute!... la garde impériale n'attaque que l'ennemi... et nous sommes des Françaises, des compatriotes.

LA COMTESSE.

Des transfuges... raison de plus! car ce M. Bonaparte, qui les commande, n'a ni égards ni galanterie... tel chef, tels soldats... Et un jour de mariage encore!... c'est une fatalité... il semble impossible que cet enfant-là soit mariée tranquillement et régulièrement!... Écoutez!

On entend au dehors le bruit d'une marche militaire.

COUPLETS.

PREMIER COUPLET.

Oui, de la garde impériale
J'entends les fifres, les tambours!
Et de leur rage cannibale
Avant tout préservons mes jours!
   Divine Providence!
   Toi qui vois ma frayeur,
   Sauve mon existence,
   Et surtout mon honneur!

ENSEMBLE.

RÉGINE et TIENNETTE,

Comme elle a peur!

LA COMTESSE.

Ah! que j'ai peur!

CHOEUR en dehors.

Vive l'empereur!

DEUXIÈME COUPLET.

LA COMTESSE, *regardant les portraits du salon.*

Vous, les auteurs de ma noblesse,
O mes ancêtres glorieux!
Ne livrez pas une comtesse
Aux mains d'un soldat sans aïeux.
   Donnez la préférence
   A quelque grand seigneur!
   Sauvez notre existence,
   Et surtout notre honneur!

ENSEMBLE.

TIENNETTE *et* RÉGINE.

Comme elle a peur!

LA COMTESSE.

Ah! que j'ai peur!

CHOEUR, en dehors.

Vive l'empereur!

Régine et Tiennette entrent dans l'appartement à gauche. Le bruit des tambours et de la musique militaire redouble; la Comtesse aperçoit quelques officiers.

LA COMTESSE, *jetant un cri.*

Ah! les horribles figures!...

Elle se précipite sur les pas de Régine, dans l'appartement à gauche.

SCENE V.

PLUSIEURS OFFICIERS, *au fond du théâtre;* ROGER *entrant, suivi de quelques domestiques;* UN SOLDAT.

ROGER, *à un soldat.*

Rassure de ma part les maîtres de ce château; dis-leur que je demande la permission de leur présenter mes respects et de déjeûner avec eux. (*Le soldat entre dans l'appartement à gauche. A un officier.*) Vous ferez préparer les logemens de l'empereur; il établit ici ce soir son quartier général... et demain, sans doute, la bataille!... la bataille des trois empereurs!... elle sera belle celle-là!... (*Avec tristesse.*) Heureux ceux de nous qui pourront la raconter!... (*Gaîment.*) En attendant, messieurs, prenez du repos; après huit heures de marche, on en a besoin... et puis il faut être beaux pour la fête de demain!

LE SOLDAT, *sortant de l'appartement à gauche.*

Mon colonel! je n'ai trouvé là-dedans qu'une femme sans éducation et sans usage du monde, qui a caché sa tête dans ses mains pour ne pas me voir!

ROGER.

Elle est bien difficile!... une moustache qui a été à Marengo!

LE SOLDAT.

Et quand je lui ai fait part de votre invitation, elle s'est écriée : Déjeuner avec votre colonel!... plutôt mourir!

ROGER.

Qu'elle vive, mon camarade! et moi aussi!... je déjeunerai sans elle... Dis au maître-d'hôtel du château de me monter...

LE SOLDAT.

Quoi donc, mon colonel?

ROGER.

Ce qu'il y aura... le même déjeuner que ces dames... (*Le soldat sort par la porte du fond. A un domestique.*) Vous direz cependant à votre maîtresse qu'elle tâche de vaincre son aversion

pour les colonels, et qu'elle m'accorde dans une heure cinq minutes d'entretien... il le faut, dans son intérêt... (*Le domestique s'incline et sort.*) En attendant, je m'établis dans ce salon... et qu'on me laisse tranquille, si c'est possible !

UN AUTRE SOLDAT, *entrant.*

On demande à parler à monsieur le colonel !

ROGER, *assis.*

Déjà !... je n'y suis pas !

LE SOLDAT.

C'est de la part de l'empereur !

ROGER, *se levant vivement.*

C'est différent ! faites entrer !

SCENE VI.

ROGER, *s'asseyant près de la table,* SAUVAGEON, *entrant d'un air intimidé.*

SAUVAGEON *timidement.*

Monsieur le colonel Roger, colonel d'état-major, aide de camp de sa majesté l'empereur et roi ?

ROGER.

C'est moi, monsieur ; qu'y a-t-il pour votre service ?

SAUVAGEON.

Il y a, monsieur...

ROGER, *regardant Sauvageon.*

C'est étonnant !... voilà une physionomie singulière... je veux dire qui ne m'est pas inconnue.

SAUVAGEON.

C'est bien de l'honneur pour elle... du reste, elle est assez remarquable pour ne pas l'oublier quand une fois on l'a vue... Sauvageon, munitionnaire général, fournisseur des armées de l'empire !

ROGER.

C'est cela même !... vous étiez, il y a quelques années, à Dunkerque ?

SAUVAGEON.

J'en ai été maire !

ROGER, *souriant.*

Je le sais bien !

SAUVAGEON, *le regardant.*

Et je crois en effet me rappeler... je ne suis pas sûr... car, depuis quelques années, j'ai tant vu d'uniformes, de shakos et de bonnets à poil, que tout cela s'embrouille... sans compter que ce matin j'ai peur... et que la peur trouble les objets.

Un domestique apporte un plateau de thé qu'il place sur la table à gauche.

ROGER, *souriant.*

Peur ! en vérité... Voyons alors ce qui vous amène... plus tard, nous renouvellerons connaissance... Voulez-vous d'abord déjeuner avec moi ?

SAUVAGEON.

Je n'ai pas faim, à cause de ce que je vous disais tout-à-l'heure.

ROGER.

Vous ne m'avez encore rien dit ?

SAUVAGEON.

J'ai eu l'honneur de vous dire que j'avais peur !

ROGER.

C'est juste !... et ça ne vous quitte pas ?

SAUVAGEON.

Ça ne me quitte jamais !

ROGER.

Même ici, avec moi ?

SAUVAGEON.

Raison de plus... parce que c'est de vous que dépend mon sort.

ROGER.

Que diable cela peut-il être ?... Asseyez-vous alors, et parlez. (*Voyant le déjeuner.*) Diable ! du thé... c'est léger. (*A Sauvageon s'asseyant sur le bord de sa chaise.*) Asseyez-vous tout-à-fait !

SAUVAGEON.

Colonel ! sa majesté l'empereur vous aime beaucoup !

ROGER, *déjeunant.*

C'est vrai !... il n'a jamais perdu une occasion de m'envoyer aux coups de fusil... il a été pour moi un ami, un père... il m'a pris soldat et m'a fait colonel... aussi, quoi qu'il ordonne de moi... sa volonté soit faite !

SAUVAGEON, *tremblant et se levant.*

Vive l'empereur !

ROGER, *brusquement.*

Après ?

SAUVAGEON, *se rasseyant vivement.*

Jusqu'à présent, cependant, il ne s'est pas encore occupé de votre fortune ?

ROGER.

Ma foi, non... il n'y a jamais songé... ni moi non plus... seulement, l'autre jour, il m'a dit en me frappant sur l'épaule : « Sais-tu bien, Roger, que tu n'as pas le sou ?... —C'est vrai ! sire... mais que m'importe ! les affaires vont bien. —Les miennes, oui ! a-t-il répondu... mais les tiennes, il faudrait pourtant bien y penser un peu !... —Cela vous regarde, sire. —C'est juste ! nous verrons cela... » Il m'a pincé l'oreille à me faire crier ; ce qui est la plus grande marque de faveur... et depuis, il ne m'en a plus parlé.

SAUVAGEON.

Voilà justement l'affaire !... c'est pour cela que je viens !

ROGER.

Vous, monsieur Sauvageon !

SAUVAGEON.

Écoutez! j'ai été fournisseur sous la république et sous l'empire... j'ai mené cela avec intelligence et frayeur... c'est-à-dire que je tremblais toujours de perdre; ce qui fait que j'ai gagné beaucoup!... je vous dirai même à vous, à vous seul, que j'ai gagné des sommes immenses!

ROGER.

Eh bien?

SAUVAGEON.

Eh bien! je ne sais pas qui, à ce propos-là, s'est permis de faire des rapports à l'empereur, des rapports écrits; et l'empereur, qui n'a pas le temps de calculer, ni d'examiner les chiffres, s'est écrié : « Des gains aussi insolens, une fortune aussi audacieuse! » Je vous le demande? moi, qui l'ai faite en tremblant... Et dans le premier moment, il a dit : « Qu'on le fusille! »

ROGER.

Vous?

SAUVAGEON.

Moi! Sauvageon!... ce qui es absurde! ce qui ne peut pas être... aussi, j'ai regardé cela comme une mauvaise plaisanterie, qui a manqué me faire mourir de frayeur... et j'ai couru me jeter aux pieds de sa majesté, lui prouver que j'étais un honnête homme, un père de famille malheureux.

ROGER.

Vous êtes donc marié?

SAUVAGEON.

Depuis quelques années... j'ai épousé sous le Directoire, et de peur de perdre ma place, la veuve d'un directeur, qui vous le dira... il existe encore... une veuve qui avait plusieurs enfans... et quand j'ai parlé à l'empereur de ma famille éplorée... il n'y a que cela qui ait paru le toucher. « Vous avez des enfans? — Trois, sire! — Et des filles? — Une sire! — Son âge? — Dix-huit ans, sire! — C'est bien! c'est heureux pour vous. Écoutez, je vous fais grâce de la vie, et même je ne confisquerai pas vos biens, à une condition! — Laquelle, sire? — C'est que vous donnerez votre fille en mariage au colonel Roger, mon aide de camp. »

ROGER.

A moi?

SAUVAGEON.

Avec deux millions de dot!

ROGER.

Est-il possible?

SAUVAGEON.

Je viens vous les offrir et vous supplier de les accepter!

ROGER.

Y pensez-vous?

SAUVAGEON.

Pour sauver les six autres! faites-moi ce plaisir-là, je vous en conjure; ce sera une des meilleures affaires que j'aurai faites de ma vie!

ROGER.

Permettez.

SAUVAGEON.

En voulez-vous trois? j'irai jusque là... car, si vous refusez, si l'empereur se fâche; si je suis fusillé... qu'est-ce que je ferai des autres? Allons, colonel, vous aurez pitié d'un beau-père tremblant... vous accepterez... qu'est-ce que ça vous coûte à vous, je vous le demande?

ROGER.

Ça me coûte... que quand même je le voudrais...

SAUVAGEON.

L'empereur a dit : Je le veux!

ROGER.

Ça ne se pourrait pas, c'est impossible!

SAUVAGEON.

Je vous répète que l'empereur a dit : Je le veux!

ROGER.

Si, par exemple, j'étais déjà marié?

SAUVAGEON.

Marié!

ROGER, *gaiement.*

C'est la première fois que cela m'aura servi à quelque chose.

SAUVAGEON.

Marié! qu'est-ce que vous me dites là!... qui aurait fait une bêtise pareille?

ROGER.

Vous! monsieur Sauvageon.

SAUVAGEON.

Moi!

ROGER.

Vous-même! qui, il y a quelques années, revêtu de votre écharpe municipale, et en présence de deux ou trois mille témoins, avez uni Roger, soldat à la trente-deuxième demi-brigade, avec Mlle Régine de Volberg, une grande dame.

SAUVAGEON.

Ah! mon Dieu!... comment! ce serait!... quelle fatalité!... Mais ce mariage-là est nul... il y a eu contrainte... il y a eu violence; ceux qui l'ont fait n'avaient pas le sens commun... je le dirai... ou plutôt, nous nous effrayons pour rien... car moi je commence toujours par là!... *vous êtes libre, mon cher ami, vous êtes libre!*

ROGER.

Comment cela?

SAUVAGEON.

Mlle de Volberg, en retournant en Allemagne, au sein de sa famille, qui y possède d'immenses propriétés... a été atteinte d'une maladie terrible, dont elle a dû mourir... dont elle est morte...

une fièvre qui l'a emportée... on l'a dit en France, et vous avez dû l'apprendre!

ROGER.

Non, vraiment... blessé moi-même dangereusement et croyant mourir, je lui avais écrit!

SAUVAGEON.

Eh bien?

ROGER, *avec une colère concentrée.*

Eh bien! elle m'a répondu par la lettre la plus sèche, la plus humiliante; pas un mot d'amitié... et de l'or... de l'or à moi, qui avais sauvé ses jours... à moi qui lui avais donné ma vie, ma liberté!... ah! plus encore! (*Vivement.*) Vous vous doutez bien que j'ai renvoyé sur-le-champ ses présens, et mon consentement à un divorce que j'avais promis, et que je réclamais moi-même avec instance. Mais alors nous nous battions en Italie, contre les Autrichiens... ma lettre est-elle arrivée? L'or qui l'accompagnait ne l'a-t-elle pas empêchée de parvenir?..... je n'en sais rien! Depuis, j'ai été aux Pyramides, à Aboukir... et au retour, blessé, prisonnier, je ne peux rien dire, sinon que le divorce n'a pas été légalement prononcé... et que, dans la position où je me trouve, il m'est impossible d'accepter votre proposition.

SAUVAGEON.

Pourquoi donc? j'aurai des attestations... des actes authentiques... avec de l'or, on a tout ce qu'on veut... et j'espère bien vous prouver que, grâce au ciel, vous êtes libre... complètement libre!

SCENE VII.

LES MÊMES, LA COMTESSE.

ROGER.

Taisez-vous! c'est la maîtresse du château!

LA COMTESSE, *se soutenant à peine.*

Monsieur, je me rends à vos ordres, et, puisque vous m'avez fait traîner devant vous...

ROGER, *galamment.*

Pour vous présenter mes respects, madame, et vous demander pardon de notre brusque arrivée, qui vous dérange peut-être... mais dont il nous a été impossible de vous prévenir.

LA COMTESSE.

Monsieur, n'ajoutez pas l'ironie à l'insulte... tout ce que je vous demande... c'est de préserver ma nièce et moi d'une soldatesque effrénée.

ROGER, *étonné.*

Eh! madame, qui a pu vous donner de pareilles idées?

LA COMTESSE.

Nous sommes Françaises, monsieur, nous sommes nobles et d'une haute naissance!

ROGER.

Je n'en doute pas!

LA COMTESSE.

Ce château appartient à ma nièce, la duchesse de Volberg.

SAUVAGEON.

Hein! que dites-vous?... la duchesse de Volberg...

ROGER.

Celle qui, pendant la révolution, habitait en France?

SAUVAGEON.

A Dunkerque?

LA COMTESSE.

Oui, monsieur!

SAUVAGEON, *à part.*

Ah! c'est jouer de malheur! (*Haut à la Comtesse.*) Mlle Régine de Volberg, qui autrefois a été mariée?

ROGER.

A un simple soldat?

LA COMTESSE.

Qu'appelez-vous mariée?... qui oserait le dire?... qui oserait faire un tel affront à notre famille? Il n'y a point eu mariage... il était nul de tout droit... et il l'est de fait, puisque enfin l'individu est mort!

ROGER.

Mort!

LA COMTESSE.

Grâce à Dieu!... et au contentement de ma nièce.

ROGER.

Votre nièce, madame, s'est peut-être trop tôt réjouie!

SCENE VIII.

LES MÊMES, TIENNETTE.

TIENNETTE, *à la comtesse.*

Madame, je venais vous dire... (*Regardant Roger et restant stupéfaite. Ici commence la ritournelle du morceau suivant.*) Ah! mon Dieu... est-ce possible!... Eh! oui... (*S'élançant dans la chambre à gauche et appelant.*) Madame! madame!

La ritournelle du morceau continue; paraît Régine, qui sort de la chambre à gauche.

QUATUOR.

RÉGINE, *regardant Roger.*

O ciel!... ces traits...

ROGER, *la regardant.*

C'est elle!

LA COMTESSE.

Ah! je tremble d'effroi!

RÉGINE, *courant à Roger.*

Ah! Roger, mon sauveur! c'est vous que je revoi!

Et mon ame reconnaissante,
Peut vous bénir...

ROGER, *froidement.*
De ce soin, votre tante,
Déjà s'était chargée!...

RÉGINE.
Ah! pour nous quel bonheur!
Cette affreuse nouvelle était donc inexacte?
On nous avait écrit, qu'hélas! au champ d'honneur
Le lieutenant Roger était mort...

LA COMTESSE.
Même l'acte
Nous fut transmis dûment légalisé,

RÉGINE.
Ce qui nous avait causé...

ROGER, *brusquement et avec ironie.*
Une fausse joie, et j'atteste
Que je suis désolé d'un quiproquo funeste;
Mais dans l'armée il est d'autres soldats que moi
Qui portent ce nom-là... c'est fâcheux! et je vois
Que mon importune présence
Des vôtres et de vous renverse l'espérance!

RÉGINE, *étonnée.*
Qu'entends-je, ô ciel!

LA COMTESSE, *vivement.*
Je sais tout! j'ai tout dit!
Et monsieur sait par moi que l'hymen qui t'accable
Est pour nous odieux, honteux! insupportable!...

RÉGINE, *voulant l'interrompre, en voyant la colère de Roger.*
Ma tante...

SAUVAGEON.
C'est très-bien... point d'éclat, point de bruit!
Plus de détours... de la franchise!
Ainsi que vous, le colonel
Détestait cet hymen cruel...
S'il faut même qu'on vous le dise,
En ce jour nous lui proposons
Une demoiselle charmante,
Qui lui donne deux millions!

LA COMTESSE.
Et pour ma nièce se présente
Un jeune seigneur de la cour.

ROGER, *avec amertume.*
Vraiment!

LA COMTESSE.
Un jeune seigneur qui l'adore,
Dont elle partage l'amour!...

ROGER, *avec colère.*
Vraiment!

SAUVAGEON.
Ah! c'est bien mieux encore,
Point d'éclat, point de bruit!
C'est charmant, tout est dit!
Tout est d'accord! et nous pouvons, je pense,
Briser ces nœuds à tous deux odieux.
Par mutuelle intelligence
Qu'ils soient rompus... nous le voulons!

ROGER, *avec colère.*
Et moi, je ne veux pas!

SAUVAGEON, RÉGINE et LA COMTESSE.
Et pour quelles raisons?

ROGER.
Je ne veux pas!

LA COMTESSE.
Qu'ai-je entendu?

ROGER.
Je ne veux pas!

SAUVAGEON, *anéanti.*
Je suis perdu!

ENSEMBLE.

SAUVAGEON.
O ma caisse! ô ma caisse!
O mes pauvres écus!
O frayeur qui m'oppresse!
Nous sommes tous perdus!

ROGER.
Ah! c'est trop de faiblesse!
Ces nœuds par moi rompus
Leur causaient trop d'ivresse;
Que leurs vœux soient déçus!

RÉGINE.
Il trahit sa promesse!
Je ne retrouve plus
L'honneur et la noblesse
Qu'en lui j'avais connus!

LA COMTESSE.
O ma nièce! ô ma nièce!
L'ai-je bien entendu?
Il manque à sa promesse;
Tout est donc méconnu!

ROGER, *à Régine, avec colère.*
Oui, vos affronts qu'enfin je brave,
Furent par moi trop long-temps endurés!
Et si jadis je fus esclave,
A votre tour vous le serez!

SAUVAGEON.
Mais moi, monsieur... dont vous causez la mort,
Prenez pitié de mon sort!
Ecoutez!... ô terreur extrême!

On entend en dehors des cris de : Vive l'empereur!

C'est l'empereur lui-même...
Il établit ici son quartier-général
Et du courroux impérial.
Rien ne peut me sauver... à moins qu'à ma demande,
Vous n'écriviez que ce refus formel
Vient de vous seul, mon colonel,
Et non de moi...

ROGER.
Pourquoi?...

SAUVAGEON.
Mon salut le commande!
Écrivez que c'est vous qui tenez pour toujours
A cet hymen...

LA COMTESSE, *suppliant Roger.*
Monsieur...

SAUVAGEON, *tirant de sa poche un portefeuille et un crayon.*
Il y va de mes jours!

ROGER.
Volontiers!...

SAUVAGEON.
O bonté propice!

RÉGINE.
De sa part un pareil refus,
Ah! je ne le reconnais plus!

ENSEMBLE.

SAUVAGEON.
O ma caisse! ô ma caisse!

O mes pauvres écus !
O lueur d'allégresse !
Vous me serez rendus !

ROGER.

A c'est trop de faiblesse !
Ces nœuds par moi rompus
Leur causaient trop d'ivresse ;
Que leurs vœux soient déçus !

RÉGINE.

Il trahit sa promesse !
Je ne retrouve plus
L'honneur et la noblesse
Qu'en lui j'avais connus !

LA COMTESSE.

O ma nièce ! ô ma nièce !
Tout espoir est perdu !
Il trahit sa promesse !
Et tout est méconnu !

Sauvageon sort.

SCÈNE IX.
ROGER, RÉGINE, LA COMTESSE.

LA COMTESSE.

Je ne m'attendais pas à une telle violence !

RÉGINE.

Ni moi à un tel procédé !

ROGER, *avec amertume.*

C'est bien mal, en effet ! et tous les torts sont à moi... j'oubliais que quand on a été utile à une grande dame, à une noble famille... on est trop payé par l'honneur même de leur avoir rendu service !

RÉGINE.

Moi ! avoir manqué à la reconnaissance !

ROGER.

Je n'en attendais pas... et de ce côté du moins, je n'ai pas été trompé !

RÉGINE.

Ah ! vous m'accusez à tort ! il n'y a pas de jour où je n'aie prié le ciel pour vous... où je ne me sois rappelé cette conduite si noble, si généreuse... Jusqu'ici... et dans ce moment encore... mon seul chagrin est de ne pas vous reconnaître !

ROGER.

A qui la faute, si ce n'est à celle qui m'a froissé... humilié par ses dédains, et plus encore par ses présens ?

RÉGINE.

Moi, Roger !

ROGER.

Tenez donc ! puisque vous l'avez si vite oublié... relisez ce billet qui est toujours resté là... il ne m'a jamais quitté !

RÉGINE, *le parcourant.*

Cette lettre ! cette lettre... cet or qu'on vous offrait, pour payer vos bienfaits... jamais je n'ai écrit cela !

ROGER.

Et qui donc m'a répondu ?

LA COMTESSE, *avec dignité.*

Moi, monsieur, qui n'ai pas cru dans les convenances de montrer à ma nièce la lettre que vous lui aviez adressée, et dont les expressions...

RÉGINE.

Quoi ! ma tante... en mon nom... et sans m'en prévenir, vous avez écrit ?

ROGER.

Il est donc vrai !... moi, qui si long-temps vous ai accusée !.. Ah ! madame, que je suis coupable... je m'en punirai... parlez, dictez mon consentement à ce divorce, objet de tous vos vœux. (*A la Comtesse.*) Ou plutôt, madame, écrivez vous-même, je suis prêt à signer !

LA COMTESSE.

Est-il possible !... ce seul mot nous réconcilie et nous rend trop heureuses... (*Elle sonne et dit à Tiennette, qui entre.*) Ce qu'il faut pour écrire. (*A Roger.*) Songez donc, monsieur, un mariage magnifique... auquel il fallait renoncer... un parti superbe... qui lui convient, qu'elle a choisi... qu'elle aime... et puis, plus de mésalliance... vous comprenez... égalité de rang, de naissance...

RÉGINE, *voulant la faire taire.*

Ma tante...

Pendant ce temps, Tiennette est rentrée, et a posé sur la table ce qu'il faut pour écrire, et pendant que la Comtesse écrit, elle s'approche tout doucement de Roger.

TIENNETTE, *timidement.*

Monsieur le colonel, voulez-vous me permettre de vous embrasser ?

ROGER, *lui sautant au cou.*

Ah ! Tiennette, toi seule ici me reconnais !

TIENNETTE.

Et ça n'est pas facile... qui dirait que c'est là ce pauvre soldat, si gauche et si timide ?... et maintenant, cet air martial et distingué... Ah ! vous êtes bien mieux qu'autrefois. (*A Régine.*) N'est-ce pas, madame ?... Mais regardez-le donc !... et puis ces épaulettes de colonel... Savez-vous que c'est beau de faire ainsi son chemin ?... de devoir tout à soi-même ; de partir de si bas pour arriver si haut ?

ROGER *lui serrant les mains.*

Tiennette !

TIENNETTE, *regardant Régine.*

Et puis colonel, ça mène à tout ; ça permet d'aspirer à tout... à Vienne, à la cour, s'il m'en souvient, les colonels et les duchesses, ça allait de pair.

LA COMTESSE, *se levant et présentant un papier à Roger.*

Voici ce consentement au divorce, bien complet, bien en règle... il n'y a plus qu'à le signer.

TIENNETTE, *étonnée.*

Que dit-elle?

LA COMTESSE.

Ma nièce d'abord... à vous la première.

RÉGINE, *hésitant.*

Vous croyez?

LA COMTESSE.

Certainement. (*A Roger.*) A vous, monsieur!

TIENNETTE, *à Roger.*

Comment! vous signez?

ROGER.

Certainement, et de grand cœur!

TIENNETTE, *avec douleur pendant qu'il signe.*

Ah! mon Dieu, mon Dieu! qui aurait dit cela? voilà donc tout fini... Séparés à jamais!

LA COMTESSE.

Grâce au ciel!... et ce n'est pas sans peine!... (*Pliant le papier.*) Quand il le voudrait maintenant, il n'y a plus moyen de revenir; je me charge de tout régulariser avec les gens d'affaires. (*A Régine.*) Et maintenant, rien ne s'oppose plus à ton mariage avec le chambellan.

RÉGINE.

Rien... si ce n'est que nous sommes séparés... lui, au pouvoir de ces messieurs, et moi prisonnière en ce château; car nous sommes prisonnières, ma tante.

ROGER.

N'est-ce que cela, madame?... je puis vous accorder sa liberté et la vôtre.

LA COMTESSE.

Vraiment, nous pourrions repartir?

ROGER.

Quand vous le voudrez.

LA COMTESSE.

Et pour ne pas être arrêtées en route par des soldats de la garde ou des détachemens de votre armée...

ROGER.

Je vous donnerai avant votre départ un sauf-conduit... un laissez-passer, qui vous mettra à l'abri de tout danger.

TIENNETTE, *à part.*

Ah! c'est trop fort!

LA COMTESSE.

C'est trop de bontés!... Viens, Tiennette, viens tout disposer pour notre départ. (*A Régine.*) En vérité, ma nièce, me voilà presque de votre avis, il méritait de naître gentilhomme, et je le trouve charmant depuis qu'il n'est plus mon neveu.

TIENNETTE, *à part.*

Nous laisser partir si généreusement... Ah! que c'est mal à lui!

Elle sort avec la Comtesse.

SCÈNE X.

ROGER, RÉGINE.

DUO.

ROGER, *reprenant son chapeau, et saluant Régine, qui lui rend une révérence.*

Maintenant qu'entre nous tout lien est rompu,
Recevez mes adieux! et les derniers peut-être!

RÉGINE.

Les derniers!

ROGER.

Oui, madame!

RÉGINE.

Ai-je bien entendu?
Et pourquoi, s'il vous plaît? faites-le-moi connaître!

ROGER.

Demain, notre empereur, dans les champs d'Austerlitz
Doit livrer la bataille à tous ses ennemis?...

RÉGINE.

Et Dieu, qui tant de fois exauça ma prière,
Sur vous encor veillera, je l'espère!

ROGER.

Ne le désirez pas!

RÉGINE.

Pourquoi!

ROGER.

Ah! c'est qu'il n'est rien, selon moi,
De plus affreux qu'une existence
Sans avenir, sans espérance!

RÉGINE.

Mais la vôtre est si belle?

ROGER.

Ah! le ciel en courroux
L'a vouée au malheur!

RÉGINE.

Comment? cela m'étonne!
Comment?

ROGER.

C'est mon secret... un secret que personne
Ne connaîtra jamais!

RÉGINE.

Même moi?

ROGER.

Même vous!

RÉGINE.

PREMIER COUPLET.

Ah! parlez, je vous en supplie!
Qu'au mien votre cœur se confie!
Ne suis-je donc plus votre amie!
Déjà l'avez-vous oublié?...
Votre douleur devient la mienne!
Car désormais, plaisir ou peine,
Je prétends que tout m'appartienne!
Et soit à moi pour la moitié,
Tout se partage en amitié,
On doit tout dire à l'amitié!

DEUXIÈME COUPLET.

Ce secret qui trouble votre amie,
Votre amie ici le réclame;
Car je ne suis plus votre femme,
Et tout peut m'être confié!
Dans un destin tel que le nôtre
On doit tout dire l'un à l'autre...

Et ce secret n'est plus le vôtre !
Il est à moi, pour la moitié ;
Tout se partage en amitié,
On doit tout dire à l'amitié !

ROGER.

Eh bien ! c'est un amour sans espoir... impossible !
De celle que j'aimais le cœur est insensible ;
Un seul de ses regards m'a toujours fait trembler,
Et si de mon amour j'osais jamais parler...

Le dédain, la colère,
Dans cette ame si fière
A l'instant ferait taire
Tout autre sentiment !
Son regard redoutable
Et me glace et m'accable ;
La mort est préférable
A ce cruel tourment !

RÉGINE, souriant.

Quoi ! vraiment ! la colère,
Dans cette ame si fière
A l'instant ferait taire
Tout autre sentiment !
Cela n'est pas croyable !
C'est vraiment une fable !
Son pouvoir redoutable
Ne peut être aussi grand !

ROGER.

Oui, madame, jamais mon cœur n'aurait l'audace
De braver son courroux... il y va de mes jours !
Que je parle ou me taise...

RÉGINE.

Alors, à votre place,
Je parlerais toujours

ROGER.

Vous croyez ?... Au fait, quand j'y pense,
On peut toujours parler... et puis mourir après...
Eh bien ! celle que j'aime, et que toujours j'aimais,
Celle que sans espoir j'adorais en silence,
Et qui d'un tel aveu bientôt s'indignera,
C'est vous !

RÉGINE, vivement.

Comment, monsieur ?

ROGER, avec effroi.

Là... vous voyez déjà !

ENSEMBLE.

ROGER.

Le dédain, la colère
Dans votre ame si fière
A l'instant ont fait taire
Tout autre sentiment !
Son regard redoutable
Et me glace et m'accable,
La mort est préférable
A ce cruel tourment

RÉGINE.

Dieu ! qu'entends-je ? et que faire ?...
La fierté, la colère
Ici doivent se taire
Devant l'étonnement !
D'un regard redoutable
Quoi ! c'est moi qui l'accable !

Ah ! ce n'est pas croyable !
C'est vraiment surprenant !

A la fin de l'ensemble, Roger va pour sortir par la porte du fond.

SCÈNE XI.

Les Mêmes, SAUVAGEON, LA COMTESSE.

SAUVAGEON, *arrêtant Roger.*

Eh bien ! où courez-vous donc ?... quand je viens vous annoncer des nouvelles, d'excellentes nouvelles... j'ai vu l'empereur !

ROGER.

Vous !

SAUVAGEON.

C'est-à-dire, je voulais le voir, il n'a pas voulu ; il était dans le salon, assis devant une table, et rêvant sans doute à sa bataille de demain... quand l'officier de service a annoncé M. Sauvageon ; de l'antichambre où j'étais, j'ai entendu sa majesté s'écrier : « Qu'il aille se promener ! » ses propres paroles... les paroles du grand homme... Avant de lui obéir, je lui ai fait remettre le billet que vous avez daigné m'écrire, et par lequel vous attestez qu'il existe entre vous et mademoiselle un mariage de nom, qui n'a jamais été réellement célébré.

LA COMTESSE.

Heureusement !

ROGER *et* RÉGINE.

Eh bien ?

SAUVAGEON.

Eh bien ! ce billet, qui devient un autographe bien précieux, le voici, avec quelques lignes au bas de la page ; sa propre écriture, l'écriture du héros... que j'ai eu bien de la peine à déchiffrer.

ROGER.

Donnez... moi, je la connais. (*Lisant.*) « Un co-
» lonel de ma garde s'allier à l'ancienne noblesse,
» cela me convient mieux... »

LA COMTESSE, *à part.*

Mais, cela ne me convient pas, à moi.

ROGER, *continuant à lire.*

« Et j'approuve... je nomme Roger comte de
» l'empire ; et, en faveur de cette union, je fais
» grâce pleine et entière à M. Sauvageon le jour
» où le mariage sera réellement célébré. »

SAUVAGEON.

Grâce pleine et entière... signé Napoléon.

ROGER, *froidement.*

Oui, c'est écrit.

SAUVAGEON.

Le jour où le mariage sera réellement célébré... réellement, vous devinez, colonel, ce qu'il entend par là ?

ROGER.

Très-bien !... il n'y a qu'une difficulté ; c'est que ce mariage ne se fera pas !

SAUVAGEON.

Hein ! qu'est-ce que vous me dites là ?

LA COMTESSE.

Que nous sommes tous d'accord ; nous avons le consentement de monsieur... son consentement au divorce, écrit et signé par lui.

SAUVAGEON.

Ce n'est pas possible.

LA COMTESSE, *le lui montrant.*

Voyez plutôt.

SAUVAGEON, *prenant le papier.*

Je ne peux pas lire... j'ai comme un nuage devant les yeux. « Je consens au divorce, et s'il le faut, » je le réclame... » Décidément, c'est à moi qu'il en veut; il semble qu'il se marie ou qu'il divorce exprès pour me perdre... c'est mon arrêt de mort !

LA COMTESSE.

Vous avez lu ?

Régine prend le papier des mains de Sauvageon, qui, tremblant, va le laisser échapper.

SAUVAGEON, *tremblant.*

Oui, j'ai cru lire : Qu'on le fusille... (*Passant près de Roger.*) Et comment se fait-il, jeune homme... ?

ROGER.

Mademoiselle ne pouvait rester unie à un homme qu'elle n'aimait pas..... (*regardant Régine*) et qu'elle ne pouvait jamais aimer !

LA COMTESSE, *regardant Régine, qui fait un mouvement vers Roger.*

Au moment surtout de contracter une alliance aussi brillante avec une personne qu'elle a choisie, qu'elle aime et qu'elle est impatiente de rejoindre. (*A Tiennette, qui entre.*) Eh bien... ?

TIENNETTE.

Eh bien, madame, la voiture est prête.

LA COMTESSE.

Le grand landau ?

TIENNETTE.

Oui, madame !

LA COMTESSE.

Alors, pour partir, il ne nous manque plus que le laissez-passer que M. le colonel a bien voulu nous promettre.

ROGER, *après un instant d'hésitation.*

Je vais l'écrire, madame.

Pendant la scène suivante, la Comtesse va et vient, et rentre plusieurs fois avec Tiennette, apportant des chapeaux, des fourrures.

ENSEMBLE.

FINAL.

ROGER.

O funeste départ ! qui m'ôte tout espoir !
Mais l'honneur parle... il faut obéir au devoir !

RÉGINE.

Allons ! je dois partir ! l'honneur et le devoir
Me défendent ici de former d'autre espoir !

SAUVAGEON.

O funeste départ ! qui m'ôte tout espoir !
Pouvais-je soupçonner, hélas ! un trait si noir !

CANON.

SAUVAGEON.

Faut-il que j'expire,
Quand ils n'auraient rien,
Rien qu'un mot à dire
Pour sauver mon bien !

ROGER.

O cruel martyre !
Quel sort est le mien !
Il faut sans rien dire
Perdre mon seul bien !

RÉGINE, *regardant Roger.*

Que faire ! et que dire ?...
Quel trouble est le mien !
Il souffre, il soupire !
Mais il ne dit rien !

RÉGINE *s'approchant de Roger, qui est à la table pour écrire le laissez-passer.*

Eh ! bien donc, est-ce écrit ?...

ROGER, *qui a commencé.*

Pas encor, je le crois...

SAUVAGEON *à part.*

Ah ! puissé-je briser la plume entre ses doigts !...

RÉGINE *à Roger.*

C'est donc bien long !...

ROGER.

Encore un instant, je vous prie...

RÉGINE.

J'attendrai !

ROGER, *troublé.*

Ce n'est pas ma faute... je ne sais...
Je n'y vois pas !

RÉGINE.

C'est vrai !
Montrant la seule bougie qui est allumée.
Cette seule bougie...
N'éclaire pas assez !

Elle tortille le consentement au divorce qu'elle retire de son corset, l'allume à la première bougie et se met en devoir d'allumer la seconde.

ROGER, *stupéfait, la regardant.*

O ciel !...

Il se lève hors de lui.

RÉGINE *souriant.*

Eh ! bien monsieur... y voyez-vous enfin ?...

ROGER *à ses genoux.*

Ah ! je crains que mes yeux ne m'abusent encore !

SCENE XII

LES MÊMES, LA COMTESSE, *entrant par la porte à gauche, suivie de* TIENNETTE, *portant des cartons à chapeaux.*

LA COMTESSE *et* TIENNETTE.

Que vois-je, ô ciel !...

SAUVAGEON, *se frottant les mains.*
Un époux qui l'adore,
Et dont elle veut bien partager le destin !

LA COMTESSE, *avec colère.*
Cela n'est pas ! cela n'est pas !
Et l'acte de divorce...

RÉGINE.
Hélas !
Par une maladresse extrême,
Sans le vouloir, je l'ai brûlé moi-même...

LA COMTESSE.
Peu m'importe !... jamais je n'y consentirai !
Choisir un roturier, un soldat !...

SAUVAGEON.
Qu'est-ce à dire ?
Un comte, s'il vous plaît... un comte de l'empire...

LA COMTESSE, *soupirant.*
Un comte de l'empire... hélas !

SAUVAGEON.
Bonheur inespéré !
Ce mariage enfin sera donc célébré !
A part.
Je crains toujours quelque obstacle nouveau !

A la Comtesse.
Je pense que le landau
De madame la comtesse
Doit être prêt ?...

LA COMTESSE, *à Régine.*
Eh quoi ! ma nièce,
Partirai-je seule ?...
Régine reste immobile, les yeux baissés.

SAUVAGEON, *offrant la main à la Comtesse.*
Je vais,
Si vous le permettez...
A part.
Et dans nos intérêts...
Haut.
Vous escorter.

LA COMTESSE.
Régine !... elle baisse les yeux !

SAUVAGEON *et* TIENNETTE.
Allons ! venez, retirons-nous,
Et laissons ces heureux époux !

Sauvageon entraîne la Comtesse, qui sort en regardant Régine. Roger tombe aux pieds de sa femme.

LA TOILE TOMBE.

FIN DE RÉGINE.

AVIS.

La mise en sène *exacte* de cet ouvrage, transcrite par M. L. PALIANTI, fait partie de la collection des mises en scène publiées par le journal la *Revue et Gazette des Théâtres*, rue Saint-Anne, 55.

RÉGINE,

OPÉRA-COMIQUE EN DEUX ACTES,

Paroles de M. E. Scribe, Musique de M. A. Adam.

Paris, chez J. DELAHANTE, Éditeur de Musique, rue du Mail, 13.

CATALOGUE THÉMATIQUE DES MORCEAUX DÉTACHÉS AVEC ACCOMPAGNEMENT DE PIANO
PAR M. V. CORNETTE.

N° 1. AIR. Chanté par Mlle Rossi. — En vain dans l'ombre et le silence.	3 75
N° 2. COUPLETS. Chantés par M. Henri. — J'ai peur, j'ai peur, j'ai peur.	3
N° 2 bis. Les mêmes pour voix de ténor. — J'ai peur, j'ai peur, j'ai peur.	3
N° 3. COUPLETS. Chantés par Mlle Berthault. — Je ne sais pas pourquoi je tremble.	2
N° 4. AIR. Chanté par M. Roger. — Est-ce un prestige, un songe qui m'abuse? . . .	5
N° 5. AIR. Chanté par Mlle Rossi. — Un jeune et beau trompette trottant et galoppant. . .	5
N° 6. AIR. Chanté par Mlle Rossi. — Ces liens ignorés sont brisés pour jamais.	5
N° 7. COUPLETS A TROIS VOIX. Chantés par Mmes Boulanger, Rossi et Berthault. — Oui, de la garde impériale.	3 75
N° 7 bis. Les mêmes à voix seule. Chantés par Mme Boulanger. — Oui, de la garde impériale.	3
N° 8. QUATUOR. Chanté par Mmes Rossi, Boulanger, MM. Henri, Roger. — O ciel! ses traits, c'est elle.	6
N° 9. Duo. Chanté par Mlle Rossi et M. Roger. — Maintenant qu'entre nous tout lien, etc.	6
N° 9 bis. ROMANCE extraite du Duo. Chantée par Mlle Rossi. — Ah! parlez je vous, etc. .	3 75
Morceaux détachés avec accompagnement de guitare. N° 1, N° 2 bis, N° 3, N° 4, N° 5, N° 6, N° 7 bis, N° 9 bis.	
Partition.	150
Parties d'orchestre.	125
Musard. Quadrille pour le Piano avec accompagnement de Flûte, Violon, Flageolet et Cornet ad lib.	4 50
Id. à quatre mains.	4 50
Id. à grand Orchestre.	9
Id. en Quintette pour deux Violons, Alto, Basse, Flûte ou Flageolet ou Cornet.	4 50
Id. pour deux Violons, deux Flûtes, deux Flageolets et deux Cornets, chaque.	3
A. Adam. Six petits airs faciles sur Régine et sur le Brasseur de Preston, en deux suites, chaque.	6

LE BRASSEUR DE PRESTON,

OPÉRA COMIQUE EN TROIS ACTES,

Paroles de MM. de Leuven et Brunswick, musique de M. Adam.

CATALOGUE THÉMATIQUE DES MORCEAUX DÉTACHÉS AVEC ACCOMPAGNEMENT DE PIANO
PAR M. V. CORNETTE.

N° 1. CHOEUR. — Allons, du courage, amis, à l'ouvrage.	6
N° 2. AIR AVEC CHOEURS. Chanté par M. Chollet. — Quand je suis heureux, quand je suis joyeux.	6
N° 2 bis. LE MÊME SANS LES CHOEURS. Chanté par Chollet. — Quand je suis heureux, quand je suis joyeux.	4 50
N° 3. AIR. Chanté par Mlle Prévost. — Monsieur Robinson est si bon garçon.	3 75
N° 4. DUETTINO. Chanté par Mlle Prévost et M. Chollet. — Pardon, pardon, c'est une ruse, pardon, pardon.	3
N° 5. RONDE. Chantée par M. Chollet. — Joli brasseur de mon cœur, veux-tu pour la vie.	3 75
N° 6. Duo. Chanté par Mlle Prévost et M. Chollet. — Il faut pourtant ici trouver quelque manière.	6
N° 6 bis. IRLANDAISE EXTRAITE DU DUO. Chantée par M. Chollet. — Montagnarde jolie, voilà ton fiancé.	2
N° 7. CHŒUR DE SOLDATS. — Voici l'heure de la revue.	6
N° 8. CHANSON MILITAIRE. Chantée par M. Henri. — Un franc luron, John le dragon.	5

SUITE DU CATALOGUE THÉMATIQUE DU BRASSEUR.

N° 8 *bis*. LA MÊME POUR VOIX DE TÉNOR. — Un franc luron, John le dragon.	3 75
N° 9. TRIO. Chanté par Mlle Prévost, MM. Chollet et Henri. — Il faut d'un vrai soldat prendre ici l'attitude.	7 50
N° 10. CHOEUR. — Le clairon résonne, je sens mon cœur frémir.	5
N° 11. AIR. Chanté par Mlle Prévost. — Là-bas dans la plaine, hélas! malgré moi.	5
N° 12. AIR DU CHEVAL. Chanté par M. Chollet. — Tout-à-l'heure, tant bien que mal.	3 75
N° 13. QUATUOR. Chanté par MM. Valteau, Jacques, Delouse et Haussard. — Pour récompenser votre zèle.	3
N° 14. CHOEUR. Honneur, honneur, à ce fameux vainqueur.	3
N° 15. COUPLETS. Chantés par M. Henri. — Si j'avais à parler au Roi, je ne craindrais rien.	2
N° 15 *bis*. Les mêmes pour voix de Ténor. — Si j'avais à parler au Roi, etc.	2
N° 16. ROMANCE. Chantée par Mlle Prévost. MM. Chollet et Henri. — Pour sauver sa vie j'aurais tout quitté.	3
N° 16 *bis*. La même à voix seule en *Si b*. — Pour sauver sa vie j'aurais tout quitté.	2
N° 17. DUETTINO. Chanté par Mlle Prévost et M. Chollet. — Ah! pour nous quel bonheur, espoir flatteur.	4 50
Morceaux détachés, avec accompagnement de Guitare. N° 2 *bis*, N° 3, N° 4, N° 5, N° 6, N° 6 *bis*, N° 8 *bis*, N° 11, N° 12, N° 15, N° 15 *bis*, N° 16 *bis*, N° 17.	
Partition.	200
Parties d'orchestre.	150
Musard. Deux Quadrilles pour le Piano, avec accompagnement de Flûte, Violon, Flageolet Cornet, *ad lib.*, chaque.	4 50
— Id. à 4 mains, chaque.	4 50
— Id. à grand orchestre, chaque.	9
— Id. en quintetto, pour 2 Violons, Alto, Basse, Flûte ou Flageolet ou Cornet, chaque.	4 50
— Les 2 ensemble, pour 2 Violons, 2 Flûtes, 2 Flageolets et 2 Cornets, chaque.	4 50

PARIS. — IMPRIMERIE DE Mme Ve DONDEY-DUPRÉ,
Rue Saint-Louis, 46, au Marais.

www.ingramcontent.com/pod-product-compliance
Lightning Source LLC
Chambersburg PA
CBHW060622050426

42451CB00012B/2385